本質から考え行動する

科学技術者倫理

金沢工業大学・科学技術応用倫理研究所 編

東京 白桃書房 神田

はじめに

もし，科学技術が機能しなくなったら…

　どのような内容を想像しながら，この本を開いていただいたでしょうか．私たちは，タイトルである「科学技術者倫理」と同名の講義を金沢工業大学で担当しています．ここには，科学，技術，科学技術者，あるいは科学者，技術者，そして倫理，といった言葉が並んでいますが，それらの関連性は漠然としているかもしれません．この関連性を考えるために，次のような状況を想像してみてください．

> **質問0**　暑い夏の午後のことです．突然，停電が発生しました．スマートフォンで状況を確認すると，停電はきわめて広範囲で生じていて，原因は不明であり，今のところ復旧の目途は立たないようです．自宅には食料品も現金もほとんどなく，防災グッズもありません．近くにはよく利用するコンビニエンス・ストアがあります．店長ともいちおうは顔見知りで，お店に行けば挨拶をしてくれる間柄です．あなたはどうしますか．

　この状況で自分がとると思う行動を，ぜひノートなどに書き出してみてください．あくまで仮想事例ですので，思いついたことを自由に書いていただければ問題はありません．

　いかがでしょうか．まずは食料品が欲しいところでしょうか．ただ，クーラーや冷蔵・冷凍機器は機能しないので，室温はどんどん上がっていきますし，弁当やおにぎりは買ってもすぐに傷むでしょう．復旧の目途が立っていないことを考えると，なるべく長期にわたって常温保存できる食料品を購入するでしょうか．また，ニュースを調べたり親族や知人と連絡をとったりする手段も必要でしょうか．そうすると，携帯電話やスマート

フォン用の電池キットを購入するでしょうか．もっとも，それらの会計はどうなるのでしょうか．キャッシュ・レジスターは機能しないので，会計をするにも電卓，あるいは筆算や暗算になります．それらは店員が対応してくれるかもしれませんが，手持ちの現金も必要です．店内の銀行ATMは機能しません．また，お店が営業できたとしても，皆が同じようなことを考えて行動すると，在庫はすぐになくなってしまうでしょう．そうこうしているうちに，照明も消えているので店内は暗くなってきます．防犯装置も機能しないので営業を中止するようです．結局のところ，あなたはほとんど何も入手できないかもしれません．

　このようなことを考えた人は，あくまで消費者の立場から考えていたのではないでしょうか．それは，お金を介して社会からサービスを提供される立場です．希望するサービスを購入できる社会システムが十分に機能していて，さらにはそれに必要なお金を持っていてはじめて，そのサービスを受けることができます．しかし，その社会システムが十分に機能しなくなったらどうなるのでしょうか．また，必要なお金はどこから得られるのでしょうか．

　このような社会システムを無視してコンビニで強盗をするという行動案もありうるでしょう．しかし，これは非社会的な行為であり，倫理的に最悪です．

　逆に，サービスを与えられる立場からサービスを与える，すなわち社会的に協力してこの状況を乗り切っていく行動案だとどうなるでしょうか．そうすると，さまざまな人の存在が想像できるでしょう．店長やまわりの人たちとはどのような協力ができるでしょうか．自分と同じような元気な人たちを想像しがちかもしれませんが，近所には助けの必要な老人や病人，乳幼児などの社会的弱者もいるかもしれません．

　さらに，それらの人たちとの協力で，自分の専門分野を活かした協力は可能でしょうか．モノづくりや，化学分析，組織的なマネジメント，あるいは人々の相談に乗ったり，人々を勇気づけたりすることへの専門的な貢献は可能でしょうか．

　以上は仮想事例ですが，大規模災害で現実に繰り広げられて

きた光景でもあります．食料や飲料水などはすぐに商店からなくなり，燃料も手に入りません．エネルギー源が断たれるため，冷暖房や冷凍・冷蔵は機能しなくなります．石油ファンヒーターなどを動かすためにも電気は必要です．それだけではありません．店内の商品管理システムも動かなくなります[1]．携帯電話やその基地局のバックアップ・バッテリーが尽きれば，外部との通信もできなくなります．情報が入らなくなり，その地域は陸の孤島になってしまいます．

この事例では，それぞれコンビニを現代社会，電力を科学技術の象徴として考えました．科学技術が正常に機能しなくなると，物質，エネルギー，そして情報通信という，あらゆる物理的な面で社会システムは正常に機能しなくなります．あなたが自分の専門分野での協力を考えたときにも，普段想定してきた仕事内容はなかなか通用しなかったと思います．それもやはり，システムが正常に機能している社会が前提とされていたのではないでしょうか．あなたの仕事が科学技術の一端を担い，そのような仕事が集まって全体として社会システムが支えられ，それによってあなたの仕事もまた可能になります．

科学技術の専門家として

あなたはこれから，科学技術の専門知識を活かして仕事をしていくことになります．すなわち，その分野の専門家として，社会で利用される科学技術の一端を担いながら，他のさまざまな人たちと協力して，この社会を支え，より良く発展させていくことになります．自分の専門分野については他の人には十分な知識がないので，当然，あなたの専門的な判断には信頼性が求められます．協力には信頼が必要不可欠です．

それでは，あなたは専門家として，この社会でどのように科学技術を用いて仕事をしていきますか．その判断には，専門知識の確かさだけではなくそれを利用する上での社会的な方向性も問われます．コンビニの例でも言えるように，社会を少しでも良くしていくためには，社会的な幅広い理解や柔軟な判断が必要不可欠です．

社会にはプラスのことばかりではなく，マイナスのこともあ

[1] このような停電に備えて，コンビニエンス・ストアには可搬型のPOS（販売時点情報管理）システム端末が備わっており，数時間程度の対応は可能である．

ります．あなたの専門的な判断が理解されず，十分な協力も得られず，良くないと思う行動を迫られたり，そのような行動を目撃したりするかもしれません．能力不足や認識不足によって失敗してしまい，さらにはそれをごまかそうとして事態を悪化させてしまうかもしれません．さまざまな誘惑にかられることもあるでしょう．理想的なことばかりではないのが現実です．

そのような現実の中で，科学技術を専門としてより良い仕事をしていくために，どのような社会的判断をして，それをどのように実際に行動していくか，これらの社会的判断の問題を考えて行動することが「科学技術者倫理」です．倫理とは，してよいことと悪いことを判断し，実行することです．日常生活での倫理については，これまでの人生の中で，さまざまな経験を通じて身につけてきたはずです．ただし，これから本書で学び，考えていくことは，科学技術を専門とする職業のための倫理です．日常生活での倫理から判断できるところもありますが，一般の人には難しい高度な知識を扱い，それに基づくサービスを社会に提供していく立場になることで，いろいろと特別な知識や判断も求められます．

責任の重さを感じるかもしれませんが，それだけやりがいもあるはずです．専門家はあなた一人ではありません．ぜひこの「科学技術者倫理」を一緒に学び，考えて行動していくことで，あなたの仕事がさらにより良いものになることを願っています．

目 次

はじめに …………………………………………………………………………3

1章 科学技術の専門家として ──────── 15
- 1.1 あなたは科学技術の専門家になります …………………………16
- 1.2 公衆の安全・健康・福利 …………………………………………19
- 1.3 内部告発と公益通報 ………………………………………………23
- 1章のまとめ ……………………………………………………………26

2章 倫理問題の考え方 ──────────── 29
- 2.1 倫理とは何か ………………………………………………………30
  - 2.1.1 倫理的思考の条件──普遍性と自律── ……………………30
  - 2.1.2 代表的な倫理学理論 ……………………………………………32
- 2.2 事実と価値 …………………………………………………………35
  - 2.2.1 事実関係の不確かさとリスク …………………………………36
  - 2.2.2 ステイクホルダーと価値観 ……………………………………38
  - 2.2.3 典型的な倫理問題の構造 ………………………………………39
- 2.3 行動案の設計 ………………………………………………………42
- 2.4 セブン・ステップ・ガイド ………………………………………45
- 2.5 倫理的行動の阻害要因と促進要因 ………………………………53
- 2章のまとめ ……………………………………………………………56

3章 組織の社会規範としての倫理綱領 ───── 59
- 3.1 倫理綱領と公的使命 ………………………………………………60
- 3.2 倫理綱領とプロフェッション ……………………………………63

3.3　倫理綱領のはたらき ……………………………………………………… 67
　3.3.1　倫理綱領の五つの機能 ……………………………………………… 67
　3.3.2　政治的道具としての倫理綱領 ……………………………………… 69
3.4　倫理綱領の歴史 …………………………………………………………… 71
3.5　倫理と法律 ………………………………………………………………… 75
　3.5.1　倫理規範と法律の違い ……………………………………………… 75
　3.5.2　技術者と法律 ………………………………………………………… 78
3章のまとめ …………………………………………………………………… 80

4章　企業経営の価値観と倫理 ─────────── 83

4.1　法令遵守とコンプライアンス …………………………………………… 84
4.2　企業倫理と価値共有 ……………………………………………………… 87
4.3　企業経営の価値観 ………………………………………………………… 89
　4.3.1　効率性と競争性 ……………………………………………………… 89
　4.3.2　人間性と社会性 ……………………………………………………… 92
4.4　ステイクホルダーと社会的責任 ………………………………………… 95
　4.4.1　企業のステイクホルダー …………………………………………… 95
　4.4.2　企業の社会的責任（CSR）の階層性 ……………………………… 98
4章のまとめ …………………………………………………………………… 101

5章　研究開発の倫理 ─────────── 103

5.1　研究倫理についての基本理解 …………………………………………… 104
　5.1.1　特定不正行為（FFP）と好ましくない研究行為（QRP） ………… 104
　5.1.2　研究倫理対策として大学に求められている取り組み …………… 106
5.2　科学史における捏造と改ざん …………………………………………… 108
5.3　研究不正の社会的な背景 ………………………………………………… 110
　5.3.1　科学技術の高度化・専門分化・複雑化 …………………………… 110
　5.3.2　科学技術をめぐる価値観と体制の変化 …………………………… 111
　5.3.3　科学技術研究と経済的な価値観 …………………………………… 112
5.4　さまざまな研究不正への社会的対策と指針 …………………………… 115
5.5　専門家の自律と社会的信頼 ……………………………………………… 121
　5.5.1　査読制度 ……………………………………………………………… 121

5.5.2　科学研究の利用の両義性（デュアルユース）……………123
　5章のまとめ ……………………………………………………126

6章　利益相反 ——————————————127

6.1　利益相反の問題点 ……………………………………………128
6.2　企業や大学における利益相反 ………………………………131
6.3　利益相反の組織的な管理 ……………………………………136
6章のまとめ …………………………………………………………138

おわりに―より良い社会のための科学技術者倫理― ………139
　　セブン・ステップ・ガイドによる社会的考察 ……………139
　　科学技術のさらなる発展の中で ……………………………141
　　責任ある科学者・技術者として，そして成熟した社会人として ………142

補章　科学と技術の歴史 ——————————————145

1　科学と技術の曙 …………………………………………………146
2　科学技術の制度化 ………………………………………………148
3　「知は力なり」だったのか ……………………………………150
4　「科学」「技術」と「科学技術」―明治期日本の解釈と対応― ………152
補章のまとめ …………………………………………………………153

事例討論 ………………………………………………………………156
「科学技術者倫理」討論シート ……………………………………178

あとがき ………………………………………………………………183

重要 **セブン・ステップ・ガイド**

0. 自分が当事者としてとると思う行動を想像してみよ

1. 当事者の立場から，直面している問題を表現してみよ

2. 事実関係を整理せよ

3. ステイクホルダーと価値を整理せよ

4. 複数の行動案を具体的に考えてみよ

5. 倫理的観点から行動案を評価せよ

- 普遍化可能テスト：その行為をもしみんなが行ったらどうなるか考えてみる
- 可逆性テスト：その行為によって直接影響を受けるステイクホルダーの立場であっても，同じ意思決定をするかどうか考えてみる
- 徳テスト：その行為を継続的に行った場合，自分（の人間性）はどうなってしまうか考えてみる
- 危害テスト：結果としてその行為がどのような危害を及ぼすか（あるいは及ぼさないか）考えてみる
- 公開テスト：その行動をとったことがニュースなどで報道されたらどうなるか考えてみる
- 専門家テスト：その行動をとることは専門家からどのように評価されるか，倫理綱領などを参考に考えてみる

6. 自分の行動方針とその具体的方法を決定せよ

7. 再発防止に向けた対策を検討せよ

重要事項のまとめ

科学技術者倫理 (science and engineering ethics)	科学技術の専門家が直面する倫理問題について，具体的な行動案を考え，その適切さを評価することであり，専門学協会ではそのための倫理規範も定められている．科学者・技術者にはその判断と実行が求められる． とくに技術者倫理では，**公衆の安全・健康・福利**は最優先されなければならない．	1章 p.19
倫 理	してよいことと悪いことを判断し，実行すること． 行為についての適切さを評価することであり，社会規範にもなっている．その判断と実行が求められる．	2章 p.30
普遍性	評価が時間や場所を超えて，あらゆる場合に適用できること．特定の個人や集団に限定される評価は普遍的とは言えない．	2章 p.31
自 律	自ら考え，行動すること． 規則に従っているだけであれば自律的とは言えない．	2章 p.31

研究倫理・特定不正行為（FFP）		5章 p.105
捏造 （fabrication）	存在しないデータ，研究結果等を作成すること．	
改ざん （falsification）	研究資料・機器・過程を変更する操作を行い，データ，研究活動によって得られた結果等を真正でないものに加工すること．	
盗用 （plagiarism）	他の研究者のアイデア，分析・解析方法，データ，研究結果，論文又は用語を当該研究者の了解又は適切な表示なく流用すること．	

文部科学省「研究活動における不正行為への対応等に関するガイドライン」（2014）

事実と価値		2章 p.35
事実（fact）	価値（value）	
科学的・客観的判断の対象． そうであるか？そうでないか？	社会的・主観的判断の対象． そうあるべきか？そうあるべきではないか？	
事実が直接社会的判断に結びつくわけではない．	人，立場，文化，歴史によって，価値判断の基準は異なる． とくに事実が不確かなときには，価値で判断しなければならない．	

事実関係の整理	①根拠の確かな事実 ②根拠の不確かな事実 ③明示されていない（確認が必要な）重要な事実（注意すべき法令・倫理綱領など） ▶①と②は明示されている事実関係に対する分析であり，②と③は異なる．ただし，実際には明示されている／いないという違いは曖昧になる．	2章 p.48
リスク	ある事象の危害の発生確率とその規模で評価されるもの．初歩的には期待値（「確率×大きさ」の総和）として評価される． R（リスク）$= p$（発生確率）$\times M$（事象の大きさ）	2章 p.36
ステイクホルダー （利害関係者）	社会的な価値判断に何らかの形で影響を与えたり受けたりする個人や集団のこと． 利害関係としては直接的なものから間接的なものまでさまざまな可能性を想定し，とくに社会的な見えにくさや価値観の多様性には注意が必要．	2章 p.39 4章 p.95
倫理問題の構造		2章 p.40
ジレンマ（対立）	同時に満たせないと思われる複数の価値の実現が求められている問題．	
線引き（程度）	実現する価値について個別具体的な程度の解釈が求められている問題．	
利益相反 （conflict of interest : COI）	利害の対立する複数の社会的立場におかれている状態． 利益相反が懸念される場合には，それを必ず開示しなければならない．	2章 p.40 6章 p.128
倫理綱領	組織の持つ倫理的な価値観を明記したもの． 科学技術者倫理では専門家組織（学協会）が自律的に定めている．	3章 p.60
法令遵守	法令をきちんと守ること．	3章 p.76 4章 p.84

コンプライアンス	法令に限らず社会的責務と考えられることに積極的に応じていくこと．	4章 p.85
企業の社会的責任（CSR）	自分たちの利益ばかりを優先するのではなく，社会全体の将来にも責任を持った経営を行うこと． 社会的責任の対象としては，公衆の安全・健康・福利はもちろん，環境への配慮や持続可能な発展など，倫理綱領などで公的使命として一般的に表明されているさまざまな価値があげられる．	4章 p.98

価値共有型企業倫理プログラム	4章 p.88
1. 倫理綱領の策定 2. 組織トップおよび管理職の役割とリーダーシップ 3. 倫理担当役員，実務責任者の任命と専任部署，委員会の設置・運営 4. コミュニケーションの推進 5. 教育・研修の実践 6. 相談報告窓口（ヘルプライン等）の設置と運営 7. モニタリングの定例実践 8. 広報活動 経営倫理実践研究センター「経営倫理実践プログラム―8つのステップ―」（2002）	

公益通報	労働者や役員が，不正の目的でなく，事業者において国民の生命，身体，財産その他の利益の保護にかかわる法律違反（通報対象事実）が生じまたは生じようとしていることを次の通報先に通報すること． ① 事業者内部（内部通報） ② 通報対象事実について処分または勧告等をする権限を有する行政機関 ③ 事業者外部（通報対象事実の発生またはこれによる被害の拡大を防止するために必要であると認められる者） 法律による保護要件は通報先によって異なる． （詳細は公益通報者保護法を参照せよ）	1章 p.24

出典の明記されていないものは，金沢工業大学・科学技術応用倫理研究所による定義である．

【ウェブ資料】

インターネット上で，本書の補助資料を公開しています．

金沢工業大学「科学技術者倫理」資料・事例・課題集
http://wwwr.kanazawa-it.ac.jp/ACES/see.html

このウェブサイトは「科学技術者倫理」の教育目的で公開されています．この目的での個人利用については自由にご利用ください．それ以外の場合には，これらの内容を無許可で利用・転載することを禁止しています．講義や研修などでの利用を検討される場合には科学技術応用倫理研究所までご相談ください．

金沢工業大学　科学技術応用倫理研究所
e-mail: aces@wwwr.kanazawa-it.ac.jp

科学技術の専門家として

　本章では，科学技術者倫理が日常生活における一般的な倫理ではなく，専門家のための職業倫理であることを確認し，その最低限の特徴を学びます．科学技術の専門家であるためには，まずは科学技術とはどのようなものなのかを理解しなければいけません．その上で，科学技術者の社会的な責任として公衆の安全・健康・福利の最優先について確認するとともに，それが阻害される状態について考えます．さらに，公衆の安全・健康・福利を確保するための最終手段である公益通報の注意点についても確認します．

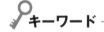キーワード

科学，技術，公衆の安全・健康・福利，逸脱の標準化，公益通報

1.1 あなたは科学技術の専門家になります

あなたは科学技術の専門家になります．本書では，そのための職業倫理として科学技術者倫理を学びます．科学技術を自分の専門としてより良い仕事をしていくために，どのような社会的判断をして，それをどのように実現していくか，これらを考えて行動することが**科学技術者倫理**[1]です．この科学技術者倫理を学ぶにあたって，科学技術については普段から勉強しているけれども，「倫理」についてはよくわからないと思っているかもしれません．しかし，「科学」や「技術」についてもどれほど理解しているでしょうか．

科学とは何でしょうか．それにはどのような特徴があるのでしょうか．

> **質問1-1** 「科学」とは何でしょうか．
> 科学と科学ではないものには，どのような違いがあるのでしょうか．

科学とは自然を対象として，実験で確かめられた知識と言えるかもしれません．そうすると，例えば「おばあちゃんの知恵」とは何がどう違うのでしょうか．生活の知恵も，長い経験の中で確かめられてきた知識です．装置や用語が専門的になれば科学っぽくなりますが，道具やイメージだけの問題でしょうか．

あるいは，科学は占いや宗教とは違うでしょうか．占いや宗教でも，世の中のいろいろなことを説明しようとします．これらと科学を区別するために科学で重視されていることは何か，目的と方法のそれぞれについて考えてみてください．さらに，科学の専門家となるために，あなたが気をつけるべきことも考えてみてください．

---

[1] 「科学技術者倫理」は"science and engineering ethics"の訳語である．直訳すれば「科学と工学の倫理」あるいは「科学と技術の倫理」となる．しかし，その内容は科学技術についての抽象的な倫理問題ではなく，専門家に求められる職業倫理なので，日本ではこのように「者」をつけて訳されている．

> **質問1-2** 「科学」で重視されていることは何でしょうか．目的と方法のそれぞれについて考えてみましょう．
> それを実現するために，あなたはどのように行動する必要があるでしょうか．

「科学」の次に「技術」についても考えてみましょう．**技術**とは何でしょうか．皆さんの専門分野の技術は科学的な知識に基づいていると思います．しかし，科学に基づかない技術も可能でしょう．例えば，職人や芸術家の技術はどうでしょうか．科学と技術にはどのような違いや関係があるのでしょうか．

> **質問1-3** 「技術」とは何でしょうか．
> 科学と技術にはどのような違いや関係があるのでしょうか．

技術についても，そこで重視されることは何か，目的と方法のそれぞれについて考えてみてください．さらにそれを踏まえて，自分が学んでいる技術の専門家となるために，あなたが気をつけるべきことも考えてみてください．

> **質問1-4** 「技術」で重視されていることは何でしょうか．目的と方法のそれぞれについて考えてみましょう．
> それを実現するために，あなたはどのように行動する必要があるでしょうか．

「科学」や「技術」という言葉は，日常生活の中で当たり前のように使われています．しかし，あらためて考えてみると，説明はなかなか難しいのではないでしょうか．科学や技術の具体例をあげることは簡単かもしれませんが，あらゆる専門分野の研究方法を一般化して説明することは簡単ではありません．

しかし，これらの本質をきちんと考え，何が重要で，何が求められているのかを理解していないと，科学者っぽいこと，技

術者っぽいことをしているだけで，科学や技術にとって大切なことが欠落してしまっているかもしれません．そのような状態は，事故や不正行為の温床となります．

　科学と技術について，それぞれ考えた結果をまとめて記録しておきましょう．

【科学で重視されるべきこと】（記録しておこう）

【技術で重視されるべきこと】（記録しておこう）

1.2　公衆の安全・健康・福利

　前節で，科学と技術で重視されるべきことをいろいろと考えました．科学技術者倫理であなたに求められていることは，科学技術の専門家として，それらを重視して社会的に責任のある行動をすることです．社会的責任を果たすことは科学者・技術者の責務[2]です．その責務として，しなければならないこともありますし，してはならないこともあります．

　これらの判断基準は，自分でしっかりと考えて納得しておくことが大切です．そうでなければ，現実のさまざまな問題に臨機応変に対応していくことはできません．それとともに，専門家が組織として重視している判断基準を知っておくことも大切です．**学協会**[3]はその判断基準をまとめて**倫理規範**として公開しています．この学協会が定める倫理規範のことを**倫理綱領（こうりょう）**と言います．倫理綱領については3章で説明します．

[2] 責務とは責任を持って果たすべき義務のことであり，法的な規則による義務ではなく，罰則のない倫理的な努力義務のこと．

[3] 専門家の組織としてはさまざまな学会や協会があり，本書ではこれらをまとめて「学協会」と表記する．

> **重要　科学技術者倫理（science and engineering ethics）**
> 科学技術の専門家が直面する倫理問題について，具体的な行動案を考え，その適切さを評価することであり，専門学協会ではそのための倫理規範も定められている．科学者・技術者にはその判断と実行が求められる．
> とくに技術者倫理では，**公衆の安全・健康・福利**は最優先されなければならない．

　科学者や技術者の仕事は一人で完結するものではありません．顧客や取引相手，同僚などが必ず存在するはずです．仕事の影響の範囲は直接的な顧客に限定されませんし，限定すべきでもありません．あなたが部品メーカーの技術者であれば，部品の納入先とは別に，その部品を使って作られた製品の顧客（エンドユーザー）が存在するはずです．エンドユーザーは，あなたが最も考慮すべきユーザーです．また，あなたが科学者ならば

> **Column**   **科学者憲章**
>
> 　日本学術会議は1980年の総会で科学者憲章を採択しました．これは，科学者の責務を自ら国民に明示するとともに，日本のすべての科学者に対してその実行を期待するものです．この声明には，科学で重視されるべきことが端的にまとめられています．
>
> 　日本学術会議は2006年に声明「科学者の行動規範」を制定し，さらにこれを2013年に改訂しています．こちらも確認しておいてください．
>
> ---
>
> **科学者憲章**
>
> 　科学は，合理と実証をむねとして，真理を探求し，また，その成果を応用することによって，人間の生活を豊かにする．科学における真理の探求とその成果の応用は，人間の最も高度に発達した知的活動に属し，これに携わる科学者は，真実を尊重し，独断を排し，真理に対する純粋にして厳正な精神を堅持するよう，努めなければならない．
>
> 　科学の健全な発達を図り，有益な応用を推進することは，社会の要請であるとともに，科学者の果たすべき任務である．科学者は，その任務を遂行するため，次の5項目を遵守する．
>
> 1. 自己の研究の意義と目的を自覚し，人類の福祉と世界の平和に貢献する．
> 2. 学問の自由を擁護し，研究における創意を尊重する．
> 3. 諸科学の調和ある発展を重んじ，科学の精神と知識の普及を図る．
> 4. 科学の無視と乱用を警戒し，その危険を排除するよう努力する．
> 5. 科学の国際性を重んじ，世界の科学者との交流に努める．
>
> 　　　　　　　　　　　　　　　日本学術会議「科学者憲章について（声明）」
> 　　　　　　　　　　　　　　　http://www.scj.go.jp/ja/info/kohyo/09/11-18-s.pdf

直接的な顧客は存在しないかもしれませんが，やはりその科学技術の将来的な利用者を想定すべきです．科学技術者倫理の判断基準の中でも，**公衆の安全・健康・福利**を第一に行動することは何より重要です．公衆の安全・健康・福利についても3章で詳しく説明します．

公衆の安全・健康・福利

「公衆」とは，ユーザーや消費者だけでなく，**社会的に開かれた人々（あらゆる一般市民）**のことを意味している．安全（safety），健康（health），福利（welfare）は，それぞれ身体に対して外的（安全），内的（健康），そして生活の状態（福利）として理解することができる．

安全第一ということは，技術者なら誰でも十分にわかっていると思います．ただ，どこからが安全で，どこからが危険かという線引きは，人間が判断することです．標準的なことには適正とされる基準や方法が社会的に定められています．しかし，仕事の現場では，さまざまな事態が生じ，臨機応変な対応が求められ，とくに研究開発ではまったくの未知の事態にも対応していかなければいけません．

新しい事態に既存の道具や設備で対応しようとすると，設計時点では想定されていなかった利用方法が必要になるかもしれません．安全基準にはある程度の余裕が持たせてあるため，適正な基準や方法を守らなくても事態に対応できるかもしれません．このような例外的な対応が習慣化してしまうことを「**逸脱の標準化**」と言います．このような無理な利用に慣れてしまうと，その危険性に対する懸念が次第に薄れ，それがローカル・ルールとして独自の新しい基準になってしまいます．しかし，その無理が蓄積したり，ローカル・ルールの由来を知らない新しい担当者が現場に入ったりすることで，大惨事へと発展しかねません．1986年に起こったスペースシャトル・チャレンジャー号の爆発事故も，このような逸脱の標準化が大きな原因の一つでした[4]．安全性に懸念が持たれるようなら，適正と考えられる基

[4] ハリス他『科学技術者の倫理―その考え方と事例―』3版，丸善，2008，pp.187-189．

準や方法を満たすように設備をきちんと改善しなければいけません．

> **逸脱の標準化**
>
> 適正とされる基準を満たさない利用方法が習慣化してしまうこと．

　この他にも，人間のさまざまな心理や態度によって安全性の線引きは揺らいでいきます．自分の行動に後ろめたさがあったり，あるいは仕事が増えることを忌避したり，組織全体の問題に発展することを懸念したりして，問題を見て見ぬふりをすると，危険性はどんどん高まっていきます[5]．仕事を進める中で何らかの問題に気づいた場合には，その内容を組織に報告して関係者で情報共有しておく必要があります．心理や態度の問題については 2.5 であらためて解説します．

　安全性についての技術的な評価は，専門家以外の人には困難です．また，組織には責任者がいますが，システム全体が高度化・複雑化すればするほど，責任者がそのすべてを細部まで把握して問題点を見つけることは非常に困難になります．そのため，それぞれ現場を担当する専門家が責任感を持って主体的に問題解決に取り組むことが，絶対に必要です．

[5] 安全に対する積極的な報告を促すために，例えば航空業界では懲戒処分を可能な限り行わない制度が採用されている．同僚や自分自身がトラブルに巻き込まれる恐れがあると，報告が消極的・断片的になり，とくにヒューマンエラーの原因が把握しにくくなる．安全文化を高めていくためには，報告者の信頼を得ていくことも課題になる．（リーズン『組織事故』日科技連出版社，1999，pp. 279-291.）

1.3　内部告発と公益通報

　倫理問題に対する行動案として，状況分析が不十分なまま内部告発を提案する人がいます．公衆の安全・健康・福利は最優先されなければいけません．しかし，内部告発という行動案は，公益という目的のためにどれほど良い選択肢なのでしょうか．

　内部告発は不正行為を改善していくための極めて強力な手段です．しかし，内部告発はその問題を組織内で調整・解決していく可能性を否定する手段でもあり，組織の社会的な力を無視する選択になります．短期的には正義の行動と思われても，長期的には会社経営者や自分自身はもちろん，従業員，取引先，さらには地域社会に対しても深刻な損害を与えてしまい，あなたの行動が社会的にまったく支持されなくなる可能性も出てきます．そのため，異なる立場への理解が不足していないか，事前に十分に検討しておく必要があります．組織の判断に倫理的な問題があるように思えても，その判断には経営の立場からすると合理性があるのかもしれません．あるいは，経営者や担当者がその問題を十分に認識できていないのかもしれません[6]．

　さまざまな立場に配慮する準備として，そもそも公益とは何か，そこで重視されるべき観点にはどのようなものがあるか，考えてみてください．

> **質問1-5**　「公益」とは何でしょうか．
> 公益として重視されるべきことには，どのようなことがあるでしょうか．

　内部告発は社会に大きなストレスや損害を与える手段でもあるので，内部告発を実行することには慎重な検討が必要になります．このことを促しながら必要な場合に内部告発者を保護するための社会的なルールとして，日本では**公益通報者保護法**が定められています．この法律では「内部告発」ではなく「公益

6　組織の判断が正当化されるためには，その組織が内部告発などしなくてもよい労働環境を整える努力をしていることが必要条件である．組織に求められることについては4章で考える．

1章　科学技術の専門家として　23

通報」という言葉が使われていることに注意してください．公益通報では自分の会社など組織内部での通報から，マスコミなど組織外部への通報（内部告発）に至るまで，通報先を3段階に区別しています．そして，それぞれの段階に応じて，通報者への保護要件が定められています．こうすることで，なるべく通報者，組織，社会のすべてにストレスが少なくなり，かつ不法行為を正そうとする通報者を社会的に保護していくことが図られています．

> **重要　公益通報**
>
> 労働者や役員が，不正の目的でなく，事業者において国民の生命，身体，財産その他の利益の保護にかかわる法律違反（通報対象事実）が生じまたは生じようとしていることを次の通報先に通報すること．
>
> ① 事業者内部（内部通報）
> ② 通報対象事実について処分または勧告等をする権限を有する行政機関
> ③ 事業者外部（通報対象事実の発生またはこれによる被害の拡大を防止するために必要であると認められる者）
>
> 法律による保護要件は通報先によって異なる．
>
> （詳細は公益通報者保護法を参照せよ）

公益通報者保護法にはいくつかの注意点があります．まずは，通報には**公益性**があることが求められます．当然ですが，私的な問題は公益通報の対象ではなく，それとは別の訴訟問題になります．その上で，公益通報とは**法律違反**に対する通報とされていることに注意が必要です．倫理的に望ましくないというだけでは，その行為を告発しても法的な保護の対象にはなりません．法律違反でなければ，その行為を法的に裁く根拠がないためです．

また，通報者が「**労働者**」とされていることにも注意が必要です．自分が働いている組織についての通報でなければ，この法律による保護の対象にはなりません．

さらに，通報者が弱い立場にあることが基本的に前提とされていることにも注意が必要です．科学技術者倫理で当事者となる専門家は，一般の労働者よりも高い能力を持っているため，より強い権限と責任が与えられています．そのため，自らの能力と責任において倫理問題を解決することが社会的に強く期待されています．このことからも，内部告発（事業者外部への公益通報）はそれが最善であるという合理的かつ積極的な理由がある場合の最終手段であるということは十分に認識しておかなければいけません．

> **ポイント**
>
> 　公衆や公益を考える場合には，自分も含めた**開かれた社会**を想定してください．閉じた社会を想定することは，その外部を排除して考えることになり，さらにはその内部の人々の多様な価値観を否定することにもなりかねません．
>
> 　例えば，公益を国益とだけ理解するとどうでしょう．国益を守ることは，その国に住む人々の利益を守ることなので非常に重要なことです．しかし，国家[7]が自分たちの利益を追求することでどのような結果を生み出してきたか，その歴史的事実を考えてみてください．自国の国益ばかりを追求することは，他国の人々の安全・健康・福利はもちろん，結果的に自国民の安全・健康・福利を脅かす危険性もともないます．
>
> 　また，公益を判断する場合には，その評価を一般市民へと**民主的**に開いていくことも重要です．科学技術の専門家は社会問題の専門家ではありませんし，民意を代表する政治家でもありません．社会で生じる問題にはさまざまなローカルな要因が関係してきますし，それが人々に与える影響もさまざまです．

7　現代の「国家」は，固有の領土，人口，主権を条件とする国民国家（nation-state）という理念に基づいている．この理念は1648年のウェストファリア条約で成立したもので，まだ400年ほどの歴史しか持っていない．そして，このような国家像はグローバル化とともに少しずつ変容しつつある．

1章のまとめ

① 科学と技術のそれぞれで重視されるべきことを自分で考えておくことが必要である．これらをきちんと理解していないと，それらしいことをしているだけで重要なことが欠落してしまい，事故や不正行為の温床になる．

② 科学技術の専門家として，重視すべきことをきちんと重視して，社会的に責任のある行動をとることが求められる．

③ 科学技術者倫理では，公衆の安全・健康・福利が最優先されなければならない．

④ 多くの設計では安全性に余裕が持たせてあるため，ある程度までは基準を外れても利用可能かもしれない．このように例外的な利用が常態化する「逸脱の標準化」は大惨事に発展しかねないため避けなければならない．

⑤ 専門家には自らの能力と責任において倫理問題を解決することが社会的に強く期待されている．内部告発（事業者外部への公益通報）は最終手段であり，どうしても必要な場合には公益通報者保護法に従って慎重に行う必要がある．

Column | グローバル化と科学技術者倫理

　グローバル化の根本には，**経済市場**を地球規模で統合していくという方向性・指針があります．このことは，世界全体で**分業化・専門化・効率化**を促進して生産性を高め，世界全体で豊かになっていくために重要な方針と考えられます．それにともなって企業は多国籍に展開し，巨額の投機的資金が一瞬にして世界中を移動します．そこでは**資本主義**の論理が優先され，あらゆることが商品化されて経済取引の対象とされていく傾向があります．資本主義には，**投資**によって新しいことを開拓するという，社会をより良くしていくための重要な機能があります．しかし，それには弊害もあります．ものの価値が貨幣価値として世界的に**均一化**され，より良い商品がより安く買えるようになる一方で，資本を持たない人々は世界的に交換可能な労働力として扱われ，**経済格差**も目立つようになります．グローバル化にともないヒト，モノ，カネが自由に国境を越えて行き来するようになると，国家や文化の枠組みが揺らぎ始めます．そうすると，グローバル化に対する反感も高まり，強い**国家**が望まれるようにもなります．グローバル化には良い面もあれば悪い面もあります．しかし，単純な推進と反対の二者択一では，グローバル化の問題は解決しません．

　グローバル化の進展とともに，国家を超えた**トランス・ナショナル**な制度や組織が拡大し，国益をぶつけ合いながらより良い制度化が目指されています．工学関係では，経済市場の自由化については WTO（世界貿易機関）や APEC（アジア太平洋経済協力）などが，技術貿易での標準化については ISO（国際標準化機構）や IEEE（電気電子技術者協会）などが，技術者教育や技術者制度の同等性についてはワシントン協定や APEC エンジニア制度，EMF（Engineers Mobility Forum）協定などが，それぞれ重要な役割を果たしています．これらのグローバルな制度に対して，日本国内では技術者教育については JABEE（日本技術者教育認定機構）が，技術者制度については日本技術士会が，それぞれ対応しています．

　科学技術は国際社会での最重要のテーマの一つになっており，相互の信頼性を高めるためにも**科学技術者倫理**は必須要件になっています．これに対応するために，日本でも 1990 年代後半に科学技術者倫理教育の導入が本格的に進められました．

倫理問題の考え方

　本章では倫理問題に対処するために知っておきたい概念をまず確認し，それらをまとめた実践的なガイドライン，さらには倫理的行動を左右する心理や態度について学びます．これらは，やみくもに問題に取り組むのではなく，適切に問題を分析・判断するための，いわば道具となる知識です．抽象的な知識は現実の倫理問題を考えるのに役に立たないと思っている人もいるかもしれませんが，そんなことはありません．現実の問題をきちんと整理して考えていくためにこそ知っておきたい概念があります．この章の内容は科学技術者倫理における理論的・方法的な基礎になるので，繰り返し読んで十分に理解を深めてください．

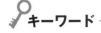キーワード ─────────────────────

普遍性と自律，事実と価値，ステイクホルダー，ジレンマと線引き，
設計と倫理，セブン・ステップ・ガイド

2.1 倫理とは何か

倫理とは，個人的な行動指針を超えた共同体の規範であり，さらに本書ではそれを考えて実行することまでを含めます．

> **重要　倫理**
>
> してよいことと悪いことを判断し，実行すること．
> 行為についての適切さを評価することであり，社会規範にもなっている．その判断と実行が求められる．

してよいことと悪いことを判断して実行するためには**自律的**であることが求められますし，社会規範として認められるためには**普遍性**も求められます．また，行為を評価するにあたっては，大きく分けて，**行為者**に注目する立場と，**行為そのもの**に注目する立場と，**結果**に注目する立場があります．それぞれの立場からは「**徳倫理**」「**義務倫理**」「**功利主義**」という理論が展開されています．まずは，これら倫理というものの考え方の基本的な条件や理論を解説します．

2.1.1　倫理的思考の条件—普遍性と自律—

そもそも倫理とはどのようなものでしょうか．世の中には社会的に明確に定められている法律や規則がある一方で，なぜ明確に定められていない倫理や道徳というものもあるのでしょうか．倫理や道徳で求められる考え方は，法律や規則に従うこととは何がどのように異なるのでしょうか．これから倫理問題を考えていくにあたって，まずは倫理的思考の条件を知ることが大切です．これらを表2-1に整理します．

重要　　表 2-1　倫理的思考の条件

普遍性	評価が時間や場所を超えて，あらゆる場合に適用できること． 特定の個人や集団に限定される評価は普遍的とは言えない．
自律	自ら考え，行動すること． 規則に従っているだけであれば自律的とは言えない．

　倫理的思考の条件として，まずは**普遍性**があげられます．そもそも「倫理」や「道徳」は，共同体で一定の秩序として機能する「慣習」や「習俗」を意味する言葉に由来します[1]．どのような共同体であっても，慣習として善悪の判断基準は共有されています．倫理とは，共同体におけるそのような判断基準の総体であり，単なる個人的な行動指針ではなく，社会的な普遍性を備えています[2]．そのため，倫理問題に対処する場合，個人的な正しさだけではなく，それが普遍的な行動規範として通用するかどうかを評価する必要があります．

　もう一つの条件として，**自律**があげられます．倫理的思考は，行為が定められた規則に適合しているかどうかだけではなく，それが自律的に選択されたものかどうかを重視します[3]．規則に従う場合にも，その規則の意義を理解して自分の意思でそれに従っていることが求められます．自律とは自らを内から律することであり，法律は法によって外から律することです．自らの選択を重視することは，単なる法律の遵守とは決定的に異なります．ここに倫理と法律の違いがあります[4]．そもそも私たちが責任を負うことができるのは自分が選択した行為に対してであり，他人から強制されて自分には選択の余地のなかった行為に対してではありません[5]．しかし，私たちには多くの場合，選択の余地は残されています．倫理問題に対処していく場合には，既存の規則や上司からの圧力など他人から促された行為に従うのではなく，自ら行為を判断して選択していくことが大切です．

1　本書では「倫理」と「道徳」を同じ意味で扱うことにする．

2　札野順編『新しい時代の技術者倫理』放送大学教育振興会，2015, pp. 95-96.

3　札野編『新しい時代の技術者倫理』pp. 96-97.

4　倫理と法律の関係については，3 章でさらに考察を進める．

5　他人に殺人を強制されてそれを実行した場合にもまったく何の責任もないのかという異論はありうる．ここでの道徳的責任は，結果との因果責任とは区別して考えている．

2 章　倫理問題の考え方

2.1.2　代表的な倫理学理論

倫理問題の考え方にはどのような理論がありうるでしょうか．具体例で考えてみましょう．次のAさんの行為の倫理性はどのように評価できるでしょうか．

> **質問2**　冬の寒いある日，Aさんは昼食をとろうと行きつけの食堂に向かっていました．その時，川でおぼれている子供を見つけ，その子を助けようと冷たい川へ飛び込みました．しかし，日頃の運動不足もたたり，その子を助けるどころか自らも命を落とし，結果2人が亡くなってしまいました．このAさんの行為は良い行為でしょうか．それとも悪い行為でしょうか．

実は倫理学的にはAさんの行為は良い行為とも悪い行為とも評価できます．Aさんの行為を良い行為だと考えた人は，**徳倫理**か**義務倫理**の考え方をしています．一方，悪い行為だと考えた人は**功利主義**の考え方をしています．

あらゆる行為では，**行為者**が**行為**をすることで何らかの**結果**が生じます．そのため，行為の分析では，分析対象を①行為者，②行為，③結果という三つに分けることができます[6]．この例では，Aさんという行為者が，子供を助けようと川に飛び込むという行為をとり，2人が亡くなるという結果が生じました．この三つの分析対象への注目の違いが，倫理学の三つの代表的な理論に対応しています．行為者に注目するのが徳倫理，行為に注目するのが義務倫理，結果に注目する功利主義です．これらを表2-2に整理します．

このように，倫理問題を考える場合には行為者，行為，結果という3つの観点があることを理解しておきましょう．それぞれの観点にはそれぞれの倫理学の理論がありますが，それらの理論にはそれぞれの問題点もあります．倫理問題に直面して行動案を考えていく場合には，行為者としてのあなた（個人としてのあなた，専門家としてのあなた，従業員としてのあなたな

[6] 藤本温編『技術者倫理の世界』森北出版, 2002, pp.93-94.

表 2-2　代表的な倫理学理論

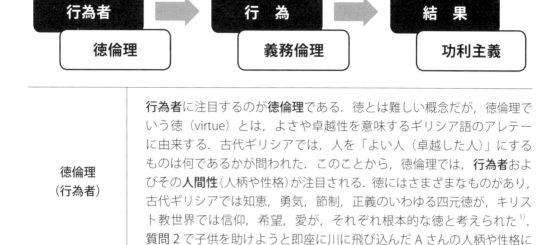

徳倫理 （行為者）	**行為者**に注目するのが**徳倫理**である．徳とは難しい概念だが，徳倫理でいう徳（virtue）とは，よさや卓越性を意味するギリシア語のアレテーに由来する．古代ギリシアでは，人を「よい人（卓越した人）」にするものは何であるかが問われた．このことから，徳倫理では，**行為者**およびその**人間性**（人柄や性格）が注目される．徳にはさまざまなものがあり，古代ギリシアでは知恵，勇気，節制，正義のいわゆる四元徳が，キリスト教世界では信仰，希望，愛が，それぞれ根本的な徳と考えられた[1]．質問 2 で子供を助けようと即座に川に飛び込んだ A さんの人柄や性格に注目したのなら，あなたはこの徳倫理の考え方で判断したと言える．
義務倫理 （行為）	**行為**に注目するのが**義務倫理**である．この考え方では，その行為そのものの**普遍性**を倫理的な義務としての評価基準として，その義務をひたむきに守ろうとする意図の**自律性**が注目される．例えば，私が「人を殺してはいけない」という個人的な行動指針を持っているとする．この指針は，あなたは言うまでもなく，誰にでもあてはまる規則へと普遍化できる．そうすると「人を殺してはいけない」は人として守るべき一般的な社会規範になりうる．質問 2 で子供を助けようという意図から川に飛び込んだ A さんの自律的な行為そのものに注目したのなら，あなたはこの義務倫理の考え方で判断したと言える．
功利主義 （結果）	**結果**に注目するのが**功利主義**である．この考え方では，その行為によってもたらされる**幸福（快楽）**と**不幸（苦痛）**の大きさを評価基準として，「最大多数の最大幸福」を実現する行為が最も良い行為になる．その評価は費用便益分析（cost-benefit analysis）[2]によって定量的に行うこともできるが，その基準を金銭的な価値に一元化して損得ばかりで評価すると，社会から倫理性を疑われるので注意が必要である．質問 2 で A さんの人柄や A さんのとった行為の意図ではなく，2 人が亡くなったという結果に注目したのなら，あなたはこの功利主義の考え方で判断したと言える．

1) 赤林朗編『入門・医療倫理 II』勁草書房，2007，pp. 52-54.
2) 費用便益分析（cost-benefit analysis）とは，ある選択にかかる費用と，それによって得られる利益を定量的に分析・比較して，その選択の是非を評価する方法のこと．

ど),あなたのとる行為そのもの,その行為のもたらす結果というそれぞれの観点から考察してバランスよく判断することが大切です[7].

7 三つの立場を代表する哲学者の名前など,それぞれの立場についての詳細な説明や批判的検討については,赤林編『入門・医療倫理II』1章から3章を参照せよ.

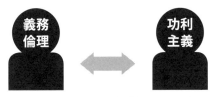

図2-1 義務倫理と功利主義のそれぞれの批判

2.2 事実と価値

倫理問題など，社会的な問題を分析するためには，事実と価値をきちんと整理することが有効です．事実とは，そうであるか，そうでないか，という現実における存在の有無として確認されます．事実は，科学的・客観的な判断の対象になります．それに対して価値とは，そうあるべきか，そうあるべきではないか，というその行動の方向性・指針として確認されます．価値は，社会的・主観的な判断の対象になります．これらは表2-3のように整理できます．

重要

表2-3 事実と価値の関係

事実（fact）	価値（value）
科学的・客観的判断の対象．そうであるか？そうでないか？	社会的・主観的判断の対象．そうあるべきか？そうあるべきではないか？
事実が直接社会的判断に結びつくわけではない．	人，立場，文化，歴史によって，価値判断の基準は異なる．とくに事実が不確かなときには，価値で判断しなければならない．

客観的な判断は，そうであるか，そうでないか，という事実の有無に対してなされるため，第三者による検証も可能です．社会的判断も，基本的には事実に基づいてなされるべきです．犯罪に対する裁判と同じです．裁判では証拠として事実関係を積み重ねていくことで，その行為の有罪と無罪の判断がなされます．

ただし，事実関係だけで社会的判断がなされるわけではありません．事実関係が確かであっても，その実現に向けて求められる基準は，人，立場，文化，歴史など，場合に応じてさまざまに異なってきます．例えば，技術者にとって安全は最優先さ

れるべきですが，どれほどの安全性が実現されているかという事実に対して，その安全性をどれほど実現すべきかという線引きには社会的判断がともないます．乗用車の製造とロケットの製造で求められる安全性は同じレベルではありません．さらに，事実関係には不確かなことも多くあります．そのような場合には専門家の意見も分かれてきます．しかし，とくに被害が拡大している状況では，事実関係が不確かであっても，すみやかに社会的な判断を下さなければいけません．ここに，社会的・主観的判断としての価値判断が求められることになります．

価値判断は「これっていいね」といった個人の主観によって判断されますが，倫理的な価値判断は社会に規定されるので**間主観的**[8]な判断とも言われます．社会的に規定されているので，そうあるべきか，そうあるべきではないか，といった規範的な観点から評価されます．

前述のように倫理的思考には普遍性が求められますが，価値判断の基準を抽象化し過ぎると現実問題の多様性に目が行き届きにくくなるので注意が必要です．価値観は，それぞれの人々が生きていく上で大切にしているものです．そのため，普遍性を求めるあまり他の価値観の否定や抑圧を進めてしまうと対立へと発展しかねません．

2.2.1 事実関係の不確かさとリスク

事実関係を整理する上では，その事実の確かさを評価することが求められます．不確かな情報に基づく判断は，思い込みによる判断になり，それだけ危険がともないます．事実関係の確かさを評価する上で，とくに安全性については「**リスク**」という観点から分析することが有効です．

重要 リスク

ある事象の危害の発生確率とその規模で評価されるもの．初歩的には期待値（「確率×大きさ」の総和）として評価される．

R（リスク）$= p$（発生確率）$\times M$（事象の大きさ）

---

[8] 個人の主観によって自由に判断することはできず，その集団の各個人の主観のあいだの調整によって判断がなされること．

安全を最優先することは技術者の仕事として何より求められることですが，100パーセントの「絶対安全」という状態は原理的にありえません．ものごとに影響を与える要因は世の中のさまざまな可能性へと開かれていますし，人間がそのあらゆる可能性を予測していくことには限界があります．予測にはモデルが用いられますが，現実社会の複雑な因果関係を細かくそのモデルに組み込んでいくことはできません．予測に用いられるデータも過去の経験に基づいており，まったく新しい事態に対応していくことは困難です．さらに，長期的な影響や人的要因（ヒューマンエラー）も評価は難しくなります．そのため，不測の事態はつねに起こりえると考えるべきでしょう．安全性を100パーセントに近づけていくという姿勢は大切ですが，「絶対安全です」と社会的に断言することは，事故が起こったときの隠蔽にもつながりやすいので注意が必要です．

　さらにリスク評価では，技術的な難しさに加えて社会的な意思決定の難しさにも対応していくことが求められます．それぞれの関係者では利害や価値観が多様であるために危害の大きさについての評価も多様になり，複数のリスクを評価・選択していく場合には社会的合意（コンセンサス）を取ることが容易ではありません．そこには既得権益もいろいろと影響を与えます．とくに，安全性が社会的に受容可能な範囲内になってくるとコストとのバランスでの価値判断になりますが，これらの価値判断には倫理的な配慮も必要になってきます．費用便益分析の倫理性については，功利主義の解説のところでも注意を促しました．

　さらに，現代社会ではリスクを高めていくいろいろな社会的要因が存在しています．その代表的なものとして，科学技術の高度化とグローバル化をあげることができます．これらを表2-4にまとめます．

表 2-4　リスクを高める代表的な社会的要因

科学技術の高度化	高度で多様な科学理論を用いて設計され，微細かつ複雑な技術によって製造されたものが複合的なシステムとして機能している．そのため，全体の詳細を具体的かつ包括的に把握することが困難となる． 科学技術の専門化・ブラックボックス化．
グローバル化	根本には経済市場を地球規模で統合していくという方向性・指針がある．それにともなって，政治や文化などが多様な形で結びつき，ときに対立へと発展している．

　グローバル化は経済における市場開放と自由競争の理念によって進められ，社会において多様な価値観が混在する状況を拡大していきます．そのことが社会的な意思決定の難しさにつながります．また，経済発展のために経済的なインセンティブを重視することが世界的な所得格差も拡大させており，このような状態で利害や価値観が対立していくと，国家主義（ナショナリズム）を強め，経済的な保護主義政策を促し，さらには戦争へとつながる可能性も出てきてしまいます．そのため，グローバル化についてはそのリスクにも十分に配慮する必要があります（p. 27 コラム参照）．

2.2.2　ステイクホルダーと価値観

　社会的な価値観の多様性を分析するために，まず知っておきたいのが**ステイクホルダー**という概念です．例えば，日々の仕事の中では上司や同僚など，まずは組織内の人々からの評価が気になるかもしれません．しかし，当然ですが，あなたの仕事の影響は組織を超えてさまざまなところに及んでいきます．逆に，あなたの仕事の判断に影響を及ぼす存在として，顧客はもちろん行政機関やあるいは家族など，所属組織以外にもさまざまな存在が考えられます．このようにあなたの行動にさまざまな形で影響を及ぼし，及ぼされる存在をステイクホルダーと言います．

> **重要** **ステイクホルダー（利害関係者）**
>
> 社会的な価値判断に何らかの形で影響を与えたり受けたりする個人や集団のこと．
> 利害関係としては直接的なものから間接的なものまでさまざまな可能性を想定し，とくに社会的な見えにくさや価値観の多様性には注意が必要．

　ステイクホルダーは「利害関係者」と訳されることもありますが，「利害」という表現によって金銭的影響のみを想定してしまわないように注意する必要があります．倫理問題に影響を及ぼすのは，仕事での取引先など金銭的に関係のある人ばかりではありません．また，「関係者」という表現によって個人のみを想定してしまわないように注意する必要があります．上司や家族以外にも，会社や行政機関，さらには一般市民などさまざまな集団に影響を及ぼすことになります．

　ステイクホルダーには社会的に見えやすい存在と見えにくい存在があります．また，社会的に強い存在と弱い存在があります．目の前で何かを命じてくる上司は見えやすく，強いステイクホルダーと言えるでしょう．一方，自分の専門的な判断によって影響を受けるかもしれない一般市民はときに見えにくい存在で，情報が不足しがちという意味でも，その危害を被りやすいという意味でも弱い存在でしょう．部品メーカーの場合でも，その部品を用いて作られた最終製品のユーザーまできちんと考慮する必要があります．

　倫理問題に適切に対処するためには，自分や自分の所属組織など身近な存在だけでなく多様なステイクホルダーの視点や価値観を考慮すること，とくに，見えにくいけれども弱い存在の視点や価値観まで配慮することが求められます．

2.2.3 典型的な倫理問題の構造

　社会的判断は価値判断をともなうことを解説しました．それでは，価値判断にどのような問題が生じたときに，その社会的判断は倫理問題になるのでしょうか．ここでは，倫理問題が生

じるときの問題の構造を価値という観点から解説します．

私たちが直面しうる典型的な倫理問題の構造には**ジレンマ**と**線引き**があります．これらを表 2-5 にまとめます．

> 重要

表 2-5　倫理問題の構造

ジレンマ（対立）	同時に満たせないと思われる複数の価値の実現が求められている問題．
線引き（程度）	実現する価値について個別具体的な程度の解釈が求められている問題．

ジレンマ問題は，自分の中で複数の価値（要求や責務）が対立していたり，複数のステイクホルダーのあいだでそれらが対立していたりして，それらを同時に満たすことができないと思われる状況で生じます．技術者倫理では多くの場合に，安全と他の重要な価値との対立になります．例えば，企業の被雇用者としての責務と専門家としての責務のあいだで板ばさみに陥る場合があるでしょう．ジレンマ問題に対処するには，それぞれの要求や責務の本質を吟味し，どのような具体的な工夫によって求められる複数の価値をなるべく満足していけるのか，さまざまな方法の可能性を具体的に検討していくことが大切です．価値観の対立は往々にして絶対的な対立ではありません．状況をうまく変えることで，なるべく対立を緩和・解消する方法を模索しましょう[9]．

なお，本人が価値の対立と認識しているかどうかにかかわらず，複数の社会的関係に属していて，それらの目的が衝突するような状態にあるとき，その状態のことを**利益相反**と言います．

> 重要

利益相反（conflict of interest : COI）

利害の対立する複数の社会的立場におかれている状態．
利益相反が懸念される場合には，それを必ず開示しなければならない．

9　この考え方は「創造的中道法（creative midway）」と言われている．対立する価値の二者択一ではなく，そのあいだで価値のバランスを取り，より良い第三の方法を模索するという方針のこと．（ハリス他『科学技術者の倫理―その考え方と事例―』3 版，丸善，2008，pp. 121-123．）

例えば，ある化学物質の規制基準を定める行政委員会に入っている専門家が，その化学物質の製造会社から研究費を得ている場合には，その規制の審議に対して中立的に判断できる立場にあるとは言えません．この利益相反の問題については，6章であらためて扱います．

　線引き問題は，ある一般的・抽象的な規則を個々の具体的な判断に適用するときに生じます．そもそも規則とは一般的にしか定式化できません．例えば，「教室にピストルを持ってきてはいけない」「ナイフを持ってきてはいけない」「ライオンを連れてきてはいけない」という個別具体的な規則を作ろうとしても際限がないため，規則としては「教室に危険なものを持ち込んではいけない」という一般的な形で定められます．そして，一般的な表現であるため，その規則に従って行動する場合には解釈が必要になります．例えば，「教室に危険なものを持ち込んではいけない」という規則に従うとしても，鉛筆を削るためのカッターは持ち込んでいいのか，ペーパーナイフは持ち込んでいいのかなどの疑問は当然出てきますし，解釈の余地はあるでしょう．どこまでが良くてどこからが良くないのか，実現しようとする価値に応じて個別具体的な程度の解釈が求められます[10]．線引き問題に対処するには，どのような価値の実現が求められているのかという，その規則の理念を十分に理解することが大切です．解釈の問題といっても，自分に都合の良い解釈がまかり通るわけではありません．技術者倫理では多くの場合，やはり安全性をどの程度まで実現するかが，コストや納期との関係などで問題となります．

10　この考え方は「決疑論（casuistry）」と言われている．これは「決議」論ではないので注意が必要である．決疑論の解説は，藤本編『技術者倫理の世界』8章を参照せよ．

2.3　行動案の設計

　倫理問題に直面した人は，多様な価値を調整しなければなりません．その状況も多様であるため，倫理問題には唯一絶対の正解はなく，数学のような明確な解法もありません．2.1.2 で確認したように，倫理学理論が異なれば評価も異なります．これらの倫理学理論は，行動案を考案するときよりも行動案を分析・評価するときに威力を発揮します．しかし，より良い意思決定のためには，行動案を分析・評価する能力だけでなく，そもそもより良い行動案を考え出す能力が求められます．

　唯一の正解がないとなると不安になる人や，考えることを無駄だと思ってしまう人もいるかもしれません．しかし，このことは実際に仕事で求められていく社会的な判断においても同じはずです．例えば自動車の設計を考えてみましょう．自動車は，安全性，耐久性，デザイン，など多様な価値のバランスを調整して設計されています．市場に無数の車種が出ているということが，そこに唯一絶対の正解がないことの端的な証拠です．このように，技術者が取り組むことになる設計と倫理には類似性があり，それは表 2-6 のようにまとめられます．

表 2-6　設計問題と倫理問題の類似性

① すべての関連情報がわかっているわけではなく，限定された（あるいは曖昧な）情報に基づいて意思決定をしなければならない．

② 問題の解決策や対応策がただ一つ，あるいは限られた数しかないという状況はほとんどありえない．

③ 唯一絶対的な解はないが，解のあいだに優劣はありうるし，明らかに間違った解は存在する．

④ 与えられた制約条件の中で，複数の「価値」を同時に満足させるように，問題を解決しなければならない．

ウィットベック『技術倫理 1』みすず書房，2000，1 章．

第一に，設計問題も倫理問題もすべての情報が手もとにない状況で判断しなければなりません．自動車を設計する段階で，どのような人がそれを運転するのか，どのような道を走行するのかなど，ユーザーごとの利用環境がわかっているわけではありません．質問 2 の A さんの例では，その子供が水泳を習っているかどうか，川の水温は何度か，などの条件がわからない状況で判断を下さなければなりません．

第二に，どちらの問題も解決策は限定されていません．まったく限定がないわけではありませんが，プロジェクト開始当初はさまざまな選択肢があるはずです．また，A さんの例でも，少し考えただけでも，周りを歩く人に助けを求める，119 番通報する，店に助けを求めに行く，などいろいろな対応策が考案できます．

第三に，どちらの問題も唯一絶対の正解はないとはいえ，明らかに間違った解は存在します．これは重要なことです．耐久性に優れ，デザインも万人に受け，しかも価格も魅力的な自動車を設計したとしても，安全性に問題があればそれは間違った設計です．A さんの例でも，おぼれた子供の存在に気づきながらも無視してそのまま食事に向かったとすれば，その行為は社会的に受け入れられません．また，自動車にいろいろな賞があるように，設計には優劣がありえます．A さんのとりうる行為にも優劣はあります．

最後に，どちらの問題でも，特定の状況において，さまざまな価値を考慮しながらそれらを同時に満足させることが求められます．普段から設計問題に取り組んでいる技術者こそ，倫理問題にもうまく取り組めるかもしれません．

その一方で，両者で大きく異なる点もあります．倫理問題の方が，設計問題と比べてモノに規定されない分だけ状況の変化や選択の幅の度合いは高く，その一方で，時間的に過去の選択に規定される度合いが高いと考えられます．自動車の設計の場合には，設計の誤りに気づいたときに消しゴムで消して一からやり直すことができます．プロジェクトがかなり進んでいて一からやり直すことが困難な場合もあるでしょう．それでも戻れるところまでは戻ってそこからまたやり直すということはでき

るはずです．しかし，倫理問題の場合にはそうはいきません．ある上司に相談した結果，問題を解決するどころか，かえって問題を複雑にしてしまった場合を考えてみてください．その上司への相談をなかったことにして，別の行動案を選択し直すわけにはいきません．上司に相談した時点でその行為が状況を変化させており，上司に相談したという事実を，いわば消しゴムで消して，なかったことにはできないのです．したがって，倫理問題に直面したときには，最初の一歩から慎重に行動を考えなければなりません．

とはいえ，設計問題と倫理問題には多くの類似性があります．そのため，より良い行動案を考え出すことを，より良い設計を進めることのように考えてみると，とくに技術者にとっては考えやすくなるのではないでしょうか．

2.4 セブン・ステップ・ガイド

　この節では，前節までに解説したさまざまな概念を，より良い行動案を導いていくための方法へと体系的に組み合わせていきましょう．倫理問題への対処には数学のような明確な解法はありません．しかし，少なくとも複数の行動案を倫理的に評価していくことはできるはずですし，さらには倫理的に妥当な行動案を考えていくための事実関係の整理を進めることもできるはずです．さらにこれらを発展させた倫理問題に対処するための方法はいろいろと考えられています．ここではイリノイ工科大学のデーヴィス（Michael Davis）が考案したセブン・ステップ・ガイド（Seven-step Guide）と呼ばれるガイドラインを取り上げます[11]．これは，倫理問題に直面したときに適切な意思決定を下すための実践的・体系的なガイドラインとして考案されたもので，実際に倫理問題に対処していくために有効な観点がバランスよく盛り込まれています．

　デーヴィス自身，各ステップの表現や内容を変えるなど，つねにセブン・ステップ・ガイドの改良を試みています．本書では金沢工業大学での実践を踏まえて改良したセブン・ステップ・ガイド「金沢工業大学（KIT）バージョン」を紹介します．これ以降，本書ではこの「KITバージョン」を指してセブン・ステップ・ガイドと呼ぶことにします．

　セブン・ステップ・ガイドは表2-7としてまとめられます．

11　Michael Davis, *Ethics and the University*, New York: Routledge, 1999, pp. 166-167.

重要 　**表 2-7　セブン・ステップ・ガイド**

意思決定の過程で満たしておくべき倫理的判断の条件を，その段階ごとにまとめたガイドライン．冷静に理性的な分析・評価を進めることで，思い込みによる感情的な判断を防ぐねらいがある．

0. 自分が当事者としてとると思う行動を想像してみよ
1. 当事者の立場から，直面している問題を表現してみよ
2. 事実関係を整理せよ
3. ステイクホルダーと価値を整理せよ
4. 複数の行動案を具体的に考えてみよ
5. 倫理的観点から行動案を評価せよ

- 普遍化可能テスト：その行為をもしみんなが行ったらどうなるか考えてみる
- 可逆性テスト：その行為によって直接影響を受けるステイクホルダーの立場であっても，同じ意思決定をするかどうか考えてみる
- 徳テスト：その行為を継続的に行った場合，自分（の人間性）はどうなってしまうか考えてみる
- 危害テスト：結果としてその行為がどのような危害を及ぼすか（あるいは及ぼさないか）考えてみる
- 公開テスト：その行動をとったことがニュースなどで報道されたらどうなるか考えてみる
- 専門家テスト：その行動をとることは専門家からどのように評価されるか，倫理綱領などを参考に考えてみる

6. 自分の行動方針とその具体的方法を決定せよ
7. 再発防止に向けた対策を検討せよ

それでは，次にこのガイドラインの各ステップで行うことを詳しく解説します．

【ステップ 0】
自分が当事者としてとると思う行動を想像してみよ

分析に先立って，まずは直感的に当事者の立場から行動案を想像してみます．このステップは，直感とセブン・ステップ・ガイドによる体系的な分析との違いを認識することを目的としています．すでに倫理的思考に習熟していて，直感と体系的な分析との結果にあまり違いがない人もいるかもしれませんが，まずは思いついた行動案を文章にしてみてください．

【ステップ 1】
当事者の立場から，直面している問題を表現してみよ

自分がその当事者だとして，何に困っているのかを表現してみてください．自分がどのような問題に直面しているのかわからないままでそれを分析することはできません．2.2.3 で確認したように，典型的な倫理問題はジレンマ（対立）と線引き（程度）ですが，最初は簡単な言葉でよいので，とにかく自分が直面している問題を明らかにしてみることが大切です．

【ステップ 2】
事実関係を整理せよ

わかっている事実を書き出してそれぞれの根拠を確認するとともに，明示されていないけれども（確認が必要な）重要な事実，注意すべき法令や倫理綱領などを検討します．動かせないと思っていた納期が延長できることが明らかになるなど，事実関係を詳細に検討することで，問題が解消したり大きく変わったりすることもあります．問題に関連する事実関係をしっかりと整理して，思い込みや想定外をなるべく避けるように努めましょう．ここであげられた根拠の不確かな事実や明示されていない事実を確かめていくことは行動案へと反映されていくはずです．

> **重要　事実関係の整理**
>
> ①根拠の確かな事実
> ②根拠の不確かな事実
> ③明示されていない（確認が必要な）重要な事実（注意すべき法令・倫理綱領など）
> ▶①と②は明示されている事実関係に対する分析であり，②と③は異なる．ただし，実際には明示されている／いないという違いは曖昧になる．

【ステップ3】
ステイクホルダーと価値を整理せよ

　ここでは，自分の行動に影響を及ぼされるステイクホルダー，そして自分の行動に影響を及ぼすステイクホルダーを幅広く考慮し，さらにそのステイクホルダーが重視している価値を整理します．ステイクホルダーごとに，価値の重視の仕方（価値観）が異なります．各ステイクホルダーが重視している／すべき価値を適切に把握した上で行動する必要があります．ステイクホルダーは目の前にいる人ばかりではありません．**弱い立場や見えにくい**ステイクホルダーも意識して考慮するようにしましょう．

> **ポイント**
> 　以上の1から3のステップを通じて，自分がおかれている状況をなるべく正確に把握し，身内や社内を超えて影響の及んでいく範囲を幅広く分析しましょう．
> 　2と3のステップは直線的に進める必要はなく，それぞれのステップを行き来しながら分析を深めることになります．例えば，ステップ3で監督官庁というステイクホルダーの存在に気づいて，その結果，事実関係としてその官庁が定めている法令や基準に気づくこともあるかもしれません．ステイクホルダーの存在を整理することは事実関係の整理でもあります．
> 　さらに，ステップ1で表現した倫理問題について，その構造を価値の観点から分析してみましょう．それらの価値は，どのようにジレンマ（対立）や線引き（程度）の構造になっているでしょうか．

【ステップ4】
複数の行動案を具体的に考えてみよ

　以上の1から3のステップでの分析を踏まえて，取りうる行動案を複数リストアップしていきます．デーヴィスによると最低でも五つの行動案は考えた方が良いとのことですが，ただ数をあげるだけでなく，検討に値する行動案を複数考えてみましょう．複数の行動案を考えることで固定観念にとらわれにくくなり，行動案の可能性が広がります．重要なのは，二者択一で考えるのではなく，ここまでのステップで得られた情報をもとに想像力を働かせながら，誰に相談し，どのように伝えるかなど行動の内容を具体的に考えることです．単なる理想論のままでは，頭ではわかっていても実際の行動に結び付けられないので注意が必要です．

> **ポイント**　ステップ2とステップ3の分析に基づいて，自分の行動案の方法と詳細なプロセス（いつ，どこで，どのように…など）まで具体的に考えましょう．その方針は理想的であっても抽象的な机上の空論になってしまうと，その行動案の実行は難しいでしょう．自分が行動することを前提にして，その具体的な方法を考えてください．

【ステップ5】
倫理的観点から行動案を評価せよ

　考案したそれぞれの行動案の妥当性を複数の倫理的観点「**エシックス・テスト**」から評価します．本書では，表2-8にあげた六つのテストを紹介します．複数のテストによって多面的に評価してみることが重要です．

　これらのエシックス・テストを知っているだけでも，自らの行動を分析・評価する上では大変有効です．エシックス・テストには他にもさまざまな観点や表現があり，多数の企業で従業

表 2-8 エシックス・テスト
(行動案の倫理的妥当性を評価するためのテスト)

【普遍化可能テスト】 その行為をもしみんなが行ったらどうなるか考えてみる	あなたの行動案を他のあらゆる人たちも実行するようになった場合を評価する. ▶もし,社会が成り立たない,あるいは社会に何らかの矛盾が生じると予想されるならば,その行動案はこの観点からは倫理的に不適切と考えられる.
【可逆性テスト】 その行為によって直接影響を受けるステイクホルダーの立場であっても,同じ意思決定をするかどうか考えてみる	あなたの行動案を,その影響を受ける立場から評価する. ▶影響を受ける立場であれば安全や健康への悪影響を懸念して選択しない,と考えられるならば,その行為は倫理的に適切ではない.このテストは,「自分の嫌だと思うことは他人にもするな」という古今東西の倫理・道徳に共通する行動規範(**黄金律**)に基づくため,「黄金律テスト」と呼ばれることもある.いろいろなステイクホルダーの立場から行動を評価することができるが,とくに弱い立場のステイクホルダーの視点は忘れてはならない.
【徳テスト】 その行為を継続的に行った場合,自分の人間性はどうなってしまうか考えてみる	その行動をとることの人間性を評価する. ▶例えば,自分の祖父母や両親にその行為が知られたらどうなるかを考えてみてほしい.何らかの後ろめたさがある場合,その行動案はこの観点からは倫理的に不適切と考えられる.
【危害テスト】 結果としてその行為がどのような危害を及ぼすか(あるいは及ぼさないか)考えてみる	その行動案が結果的に及ぼしていくと予想される危害を評価する. ▶危害には物理的なものから精神的なものまでさまざまな種類が考えられる.それぞれの危害の大きさの評価には各ステイクホルダーの価値観が大きく関係し,とくに精神的な危害については慎重に評価する必要がある.2.2.1のリスクについての解説も参考にすること.
【公開テスト】 その行動をとったことがニュースなどで報道されたらどうなるか考えてみる	その行動案が公開された場合の社会的な評価を評価する. ▶その行動案がテレビやインターネット(SNS)などで報道・拡散され,社会で広く知られるようになったときに,一般社会がその行動案をどのように評価し,どのように反応するかを予想してみる.社会的に受け入れられない行動案は,この観点からは倫理的に不適切と考えられる.
【専門家テスト】 その行動をとることは専門家からどのように評価されるか,倫理綱領などを参考に考えてみる	倫理綱領などを参考に専門家の視点から評価する. ▶専門知識や専門家の価値観から,その行動案を評価する.倫理綱領とは専門家の組織の価値観を明示したものであり,詳細は3章で解説する.

員の倫理的な行動を支援するために用いられています．例えば，ロッキード・マーチン社やテキサス・インスツルメンツ社のものがよく知られています[12]．

12 企業倫理の取り組みについては4章を参照せよ．

【ステップ6】
自分の行動方針とその具体的方法を決定せよ

　以上の分析・評価を総合してとるべき行動を具体的に一つに決定します．ステップ4の行動案の組み合わせになってもかまいません．ただし，現実問題として組み合わせられない行動案もあるので注意は必要です．その上で，各エシックス・テストの評価が良くても，本当にその行動をとることが望ましいのか，再度確認してください．そして，最終的にその行動方針と具体的方法に決定した理由を，その専門家としてきちんと自分なりに説明できるようにしておいてください．問題が生じた場合には，何よりもその説明責任が求められます．

【ステップ7】
再発防止に向けた対策を検討せよ

　今後そのような行動をとらなくても済むためにはどうすればよいのかを考えます．自らの行動を決定するだけであればステップ6まででよいかもしれませんが，同じ問題を繰り返していては改善や進歩がありませんし，自分もまわりも疲弊していきます．日ごろから相談相手を見つけておくなど，個人的にできることもあるでしょう．さらに，相談しやすい職場の雰囲気であるとか，その組織の倫理担当部署の支援があれば，事情は大きく異なるはずです．個人ですぐに改善することは難しいかもしれませんが，学協会や企業における社会制度としての倫理など，次章以降で学んでいく組織的な対策についても考えてみましょう．

　このセブン・ステップ・ガイドによってすべての倫理問題を解決できるわけではありません．このガイドラインは，あくまでも注意深い分析と考案のための体系的な確認事項にすぎません．また，実際に問題に直面した場合には，このガイドライン

を用いるための時間的な余裕がないなどの現実的な問題が出てくるかもしれません.

　それでも，このようなガイドラインを意識していることは，感情的で短絡的な行動に走ることを戒め，冷静に対処方法を考え抜こうという姿勢にとって非常に有効です．広く影響が及ぶことが予想される複雑で大きな問題になればとくに，多少の時間をかけてでも問題を冷静かつ体系的に分析してみることは大切です．また，事後確認になったとしても，このガイドラインに従って自分の行動を考え直してみることは，今後の改善へとつながるはずです．

2.5　倫理的行動の阻害要因と促進要因

　実践的なガイドラインに加えて，行為者の選択に影響を及ぼす心理や態度について知っておくことも有効です．どのような状態の場合に倫理的行動が阻害されやすいかを知っていれば，自分や他人の心理や感情の問題も含めて，より実際的な行動案の検討ができるようになるでしょう．この阻害要因を表 2-9 に整理します．

表 2-9　倫理的行動を阻害する心理や態度

利己的（self-interest）	自らの利害を何よりも重視すること（私利私欲）
恐れ（fear）	その行為の結果・影響を恐れること ▶職を失う可能性，人間関係を悪化させること，などに対する恐れ
自己欺瞞（self-deception）	意図的に現実から逃避すること ▶「他の人のためにやっているんだから」「これをやっているのは自分だけではないのだから」「今回だけで次からは絶対やらないのだから」など言い訳すること
無知（ignorance）	適切な意思決定を行うために必要な知識を持たないこと
自己中心的（egocentric tendencies）	自分が置かれている状況を，自分自身の立場だけから判断し，客観的な状況分析をしないこと
微視的視野（microscopic vision）	限られた狭い範囲のことにとらわれること ▶「木を見て森を見ず」の状態
権威の無批判な受け入れ（uncritical acceptance of authority）	指導者や上司の意向や指示を無批判に受け入れること ▶社会心理学者のミルグラム（Stanley Milgram）らの実験（アイヒマン実験）などによると，人間は想像以上に権威を受け入れやすい傾向がある
集団思考（groupthink）	集団になると十分な批判的考察を行えず，結論が極端になってしまうこと

ハリス他『科学技術者の倫理』pp. 41-49.
札野編『新しい時代の技術者倫理』pp. 137-139.

また，この表の最後にあげた集団思考がどのような状態となって現れてくるのかを，表 2-10 に示します．集団思考の結果として最終的な判断が極端になってしまうことがあるので注意が必要です．

表 2-10　集団思考の特徴的な状態

① 集団は失敗しないという幻想
② 他者を敵視し定型化する「我々感情」
③ 責任を他者に転嫁しようとする正当化
④ 集団固有のモラルの当然視
⑤ 波風立てたくないための各人の自己検閲
⑥ メンバーの沈黙を同意と解釈する全員一致の幻想
⑦ 意見不一致の兆候のあるメンバーへの圧力
⑧ 異議を唱える雰囲気を防ごうとする警戒心

ハリス他『科学技術者の倫理』pp. 48-49．（一部改変）

　倫理的行動の阻害要因を知ることは，倫理的行動の促進要因を知ることにもつながります．阻害要因と促進要因には表 2-11 のような対応関係があげられます．阻害要因としてあげた心理や態度は誰しも少なからず持っている傾向でしょうが，なるべく促進要因であげた心理や態度に自分を近づけていけるように努めましょう．

表 2-11　倫理的行動の阻害要因と促進要因の対応関係

阻害する心理や態度	促進する心理や態度
利己的（私利私欲）	利他的
恐れ	希望・勇気
自己欺瞞	正直・誠実
無知	専門知識・能力
自己中心的	自己相対化（客観的判断）
微視的視野	巨視的視野
権威の無批判な受け入れ	権威に対する批判的精神
集団思考	自律的思考

札野編『新しい時代の技術者倫理』p. 138，表 8-3．（一部改変）

本書で学んでいる科学技術者倫理とは，倫理問題に直面した技術者が自信を持って判断を進め，さらに，技術者としての誇りを持って，その意思決定を実行に移していくことを支援するためのものです．したがって，不祥事を起こさないため，あるいは科学者・技術者の信用を失墜させないためといった負の問題を避けるだけのために行動を制約するような消極的で限定的な倫理を望んでいるわけではありません．科学者・技術者という専門家だからこそ実現できる，社会をより良くしていく積極的で発展的な倫理を身につけていくことこそが何より重要です[13]．

13　このような積極的で発展的な姿勢を重視する倫理は「志向倫理」とも呼ばれている．

2章のまとめ

① 倫理的思考の条件として普遍性と自律がある．普遍性があることにより社会規範になり，自らの意思で判断しているため倫理的な責任も生じる．さらに，倫理問題は行為者，行為，結果という観点から考えることができる．

② 倫理問題に対処する場合，まずは事実関係を整理することが重要である．その事実の確かさを評価し，さらに明示されていない事実関係も幅広く考慮する必要がある．

③ さまざまなステイクホルダーの視点や価値観を考慮することが重要である．とくに，見えにくい立場，弱い立場のステイクホルダーには十分に配慮することが大切である．倫理問題は，これらの価値がジレンマや線引きの構造になっている．

④ 倫理問題に唯一絶対の正解はない．同じような種類の問題に設計問題がある．倫理問題に対処するとは適切に行為を設計することとも理解できる．

⑤ 倫理問題に対処する場合，行為を分析するだけでなく，行為を考案することが大切である．そのための実践的・体系的なガイドラインとしてセブン・ステップ・ガイドが有効である．このガイドラインには本章で解説した概念がバランスよく段階的に組み込まれている．

Column | **デザイン思考と科学技術者倫理**
―設計としての倫理―

　科学者・技術者として，**公衆の安全・健康・福利**はつねに最優先しなければいけません．この「公衆」としてエンドユーザーへの配慮は欠かせませんが，実際に起こった事件・事故や不正行為の原因を分析すると，そこまで配慮がなされておらず，配慮していないことに気づいてすらいない場合が多いことに驚かされます．

　そこで，注目したいのが「**デザイン思考**」です．デザイン思考とは，社会的な問題を発見し解決するための手法です．その目的は，**ユーザー中心**の観点から物事を捉え，ユーザーすら気づいていないような潜在的なニーズを見出し（問題発見），そのニーズを実現する方法を考案（問題解決）することです[※]．この目的は，科学技術者倫理の目的とかなり似ています．とくに注目したいのがユーザー中心という理念です．デザイン思考の手順は**ユーザーとの共感**から始まります．共感することで，ユーザーの価値観を理解することが可能になり，それによって潜在的なニーズを見出すことが可能となります．そして，それを出発点として解決案をつくり出し，ユーザーとともにその解決案の有効性を検討・検証して必要に応じて改善を加えることで，問題解決に至ります．

　このように，デザイン思考では，つねにユーザー中心に考察が進められます．この考え方は，2.3 で解説した設計問題との類似性という観点からしても，科学技術者倫理をさらに実践的に学んでいく上で大きな参考になると考えられます．ぜひこのデザイン思考についても調べてみてください．

[※] デザイン思考（デザイン・シンキングと記されることも多い）については，多くの文献が出版されており，インターネットでも多くの情報が公開されている．例えば，柏野尊徳著，沼井柚貴乃編『デザイン思考のポケット・ガイド』デザイン思考研究所，2012. は法人のウェブページ <https://designthinking.or.jp> からクリエイティブ・コモンズのライセンス条件下でダウンロードすることができる．

3章

組織の社会規範としての倫理綱領

　科学者・技術者が直面する倫理問題は，個人にとっての問題であるとともに組織にとっての問題でもあります．倫理は社会規範でもあるので，組織としてもその規範を示し，倫理的行動を促す環境を整えることは重要です．科学技術の専門家組織（学協会）も積極的に倫理問題に取り組んでおり，その最初に行われるのが組織の社会規範としての倫理綱領を定めることです．本章では倫理綱領がどのようなものであるか，それは同じく社会規範である法律とはどのように異なるのかを学ぶことにしましょう．

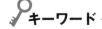キーワード

倫理綱領，公的使命，プロフェッション，倫理と法律

3.1 倫理綱領と公的使命

倫理綱領（code of ethics）とはその組織の倫理的な価値観を明記したものであり，科学技術分野の学協会の多くが倫理綱領を定めています[1]．倫理綱領は企業なども定めていますが，この章では科学者・技術者が所属する専門家の学協会の倫理綱領について解説します．

> **重要**
>
> **倫理綱領**
>
> 組織の持つ倫理的な価値観を明記したもの．
> 科学技術者倫理では専門家組織（学協会）が自律的に定めている．

倫理綱領とは専門家としての責務や理想などを行動規範として明示したもので，古くは医師の倫理規範をまとめた**ヒポクラテスの誓い**[2]などが知られています．それ以前でも，紀元前18世紀に成立したとされる古代バビロニアの**ハンムラビ法典**[3]には建築を職業とする者（大工）の義務や罰則を定めた条文があり，技術者の行動規範が定められた例は古くからありました．これらと現代の倫理綱領には共通性もありますが，科学技術が社会のあらゆるところで利用され，社会的に制度化されている現代では[4]，技術者の責任もそれらの時代とは異なってきています．さらには，専門ごとの違いもあるはずです．まずは，自分の専門分野の学協会の倫理綱領を調べてみてください．

【ウェブ資料】各種学協会の倫理綱領のリンク集
http://wwwr.kanazawa-it.ac.jp/ACES/see.html#codes

一般的に，科学技術者の倫理綱領では具体的にどのような価値観が明記されているのでしょうか．さまざまな学協会の倫理綱領を調査したルーゲンビール（Heinz C. Luegenbiehl）は倫

---

[1] 学協会によっては「倫理綱領」の他に「行動規範（code of conduct）」や「倫理規程」「倫理規定」などの名称も用いられている．多くの場合には基本的に同じ内容を表しているため，本書ではこれらを総称して「倫理綱領」として説明する．

[2] ヒポクラテス（Hippocrates, 前460頃-370頃）は古代ギリシアの医師であり，臨床医学を客観的な研究によって進めたことから「医学の父」とも呼ばれる．「ヒポクラテスの誓い」では，患者の利益を最大限に重視することや，死を助けないことなどが定められている．

[3] ハンムラビ法典とは，バビロン王朝のハンムラビ王（Hammurabi, 在位前1792-1750）の治世に定められた法律のこと．シュメールの慣習を楔形文字で明文化したもので，「目には目，歯には歯」の同害同復法で有名である．

[4] 科学技術の社会的な制度化とは，科学技術が大学などの高等教育機関で教えられ，科学者・技術者が職業として存在していることを意味している．この科学技術の制度化についての歴史的な解説は補章を参照せよ．

理綱領で明示されている，あるいは明示を検討すべき価値観を表 3-1 のように分析しています．

表 3-1 倫理綱領で明記される価値観

① 公衆の安全
② 職務遂行上の能力（コンピテンス）
③ 誠実さと客観性
④ 利益相反の回避
⑤ 守秘義務
⑥ 公平で利益に基づいた判断
⑦ 人権
⑧ 技術者の権利
⑨ 知的所有権
⑩ 自然環境の保存
⑪ 技術が社会へ及ぼす影響についての関心
⑫ 技術者の公的な役割

札野順編『技術者倫理』放送大学振興会，2004, pp. 291-318.

　ルーゲンビールは，①から⑥は近年の倫理綱領にすでに含まれているものであり，⑦から⑫は今後の検討課題としています．ただ，彼が分析を行ったのは 2000 年代初頭のことであり，⑦から⑫についてもすでにそれを取り入れている学協会は数多くあります．

　この中で，現在の倫理綱領で最も重視されているものは**公的使命**（public mission）です．これは，技術者が公衆に対して有する責任，つまり公衆の安全・健康・福利を最優先するという責任を意味しています．例えばアメリカの代表的な倫理綱領の一つである NSPE（National Society of Professional Engineers）の倫理綱領では「公衆の安全・健康・福利を最優先する（Hold paramount the safety, health, and welfare of public）」ことが明記されていますし，日本でも，例えば日本技術士会の技術士倫理綱領では「公衆の安全，健康及び福利を最優先に考慮する」ことが基本綱領 1 として明記されています．

> **Column** | **サンフランシスコ湾岸高速交通（BART）の事例**
>
> 　公的使命が重視されるようになった背景には，1970年代にその責任が問われるような事件・事故が続発したことがありました．DC-10墜落事故，フォード・ピント車欠陥事件などが技術者倫理の事例としてよく取り上げられます．
>
> 　なかでも，1971年にサンフランシスコで起こった湾岸高速交通（Bay Area Rapid Transit District: BART）の事例は，アメリカの技術者倫理の転換点となりました．この事例では，コンピューター制御システムの安全性への疑問を監督者に伝えた3名の技術者が不服従を理由に解雇されました．それに対して，電気電子技術者協会（The Institute of Electrical and Electronics Engineers: IEEE）は，彼らは，公衆の安全を守るというECPD（専門職養成に関する技術者協議会）の倫理綱領に従って公衆の利益のために行動したとして，裁判でこの3名の技術者を擁護しました．このように，公的使命が倫理綱領に明記されるようになってからは，この責任を果たすために行動したことで結果的に不当な扱いを受けた技術者を擁護するためにも，倫理綱領が重要な意味を持つようになりました．

3.2 倫理綱領とプロフェッション

倫理綱領とはその組織に所属する専門家の価値観を明示したものであり，専門家であることと倫理綱領を定めることには強い関係があります．現在の技術系の学協会が倫理綱領を持っていることは，端的には技術者が高度な専門家だからだと言えます．

欧米にはプロフェッション（profession）という概念があります．プロフェッションとは，自分の信仰を告白するという宗教的な意味を持ったprofessという単語に由来し，ある生き方への宣誓を意味していました．それが発展して，高度な学術知識とそれに基づく技能があること，そして，それに従事していることを公言して就くような**職業**のことを意味するようになりました[5]．歴史的には，医師，法律家，聖職者が代表的なプロフェッションです．これらの職業に従事する人々には，伝統的に倫理的なふるまいが求められてきました．現代では，これら以外の職業でも自らの職業をプロフェッションの地位にまで高めようとする努力がなされています．会計士や薬剤師などはその試みが成功した職種と言えるでしょう．

技術者も自らをプロフェッションの地位に高めようと努力した職種の一つです．そのためにはやはり，自分たちが倫理的にふるまうことを宣言することが重視されました．そして，この社会的地位の向上を目的の一つとして倫理綱領の制定が進められました．

このことを理解するために，プロフェッションと他の職業との違いを理解する必要があります．代表的なプロフェッションである医師や法律家になるために必要とされることを考えてみてください．プロフェッションの特徴は，一般に表3-2のように整理できます．

[5] ハリス他『科学技術者の倫理―その考え方と事例―』3版，丸善，2008, pp.8-11.

表 3-2　プロフェッションの特徴

① 理論的・体系的知識に基づく職務
② 長期の訓練と教育を要する専門的能力
③ 試験による能力の証明
④ 組織化された団体の存在
⑤ 倫理綱領による道徳的統合性の保持
⑥ 社会に対する利他的なサービス

札野編『技術者倫理』pp. 45-46.

　第1に，プロフェッションは**理論的・体系的な専門知識**に基づいている仕事であることが必要です．医師には人体や病気に関する医学知識が求められます．法律家には，法律やその解釈の法学知識が求められるでしょう．

　このような知識を実際の仕事できちんと利用していくためには，**長期にわたる教育・訓練**によって専門的な技能を身につけることが必要です．これが第2にあげられる特徴です．医師であれば大学医学部および臨床研修において，医学の知識を学び，その知識に基づいた具体的な治療行為を実践できるようにならなければいけません．これが医師としての専門技能になります．法律家であれば大学法学部や法科大学院（ロースクール）で法律の知識を学び，それを実際に法廷で運用していくための専門技能を身につけることが求められます．

　また，これらの専門的な知識や技能は国家試験などで保証されています．これが第3の特徴，**資格試験による能力の証明**です．医師として仕事をするためには，大学の医学部で教育を受けるだけではなく，国家試験を受けて医師免許を持つ必要があります．法律家の場合には司法試験に合格することが必要です．資格の存在によって，その専門職は資格者に**独占**されることになります．ここに，プロフェッションという社会制度が成立する基盤が生じます．

　理論的・体系的な専門知識，その教育・訓練，そして資格試験をそれぞれ適切に運用することで専門家の質を保証していくためには，その専門家が専門職能集団として組織化されている

必要があります．この専門職能集団の**組織化**という要素がプロフェッションの第4の特徴です．専門知識や技能が高度になればなるほど，その専門家以外による質保証は困難になります．そして，質保証を専門家が自ら行うのであれば，当然その専門家間で専門知識や技能に関する一貫性が確保されている必要があります．また，専門知識は日々刷新されていくので，正しいとされていた知識や技法にも誤りが見つかるかもしれません．そのため，すでに専門家として仕事をしている人たちにも継続的な研鑽(けんさん)が必要になるでしょう．さらに，専門家としての社会的な地位の確保や向上も，仕事を円滑に進める環境づくりや専門家の権利そのものとして社会に要求していく必要があります．これらの質保証と社会的地位の向上を専門分野全体で行っていくためには，プロフェッションは専門職能集団として組織化されている必要があります．

　また，専門知識や技能の質保証には，それらを仕事で用いていく上での社会的な価値判断の質保証も重要です．プロフェッションが社会から認められている権威や独占は，乱用や腐敗に結びつく可能性もあります．高度な専門知識の正しさを十分に評価できるのはその専門家に限られてきます．そのためプロフェッションには**自律性**が求められるとともに，社会はその自律的な価値判断を信頼せざるをえないため，プロフェッションには社会的にも倫理が不可欠になります．そのためには，プロフェッションが団体を組織するとともに，その団体に所属するメンバーが重視すべき価値観を倫理綱領として明文化することが有効です．これがプロフェッションの第5の特徴である**倫理綱領の保持**です．例えば医師の場合には，前述のように，ヒポクラテスの誓いと呼ばれる倫理綱領が古くから伝えられており，医師になるためにはこのような誓いを立てることが求められます．

　倫理綱領は，そのための社会に対する**宣言**にもなっています．すなわち，プロフェッションの自律性に対して社会からの承認を得るために，倫理綱領に道徳的な責務を明文化して公開します．これが社会からの承認を担保しているとも考えられます．倫理綱領はさまざまな機能があり，それについては次節で全体

的により詳しく解説します.

　この倫理綱領を背後から支え,その性格に大きな影響を与えているのが,第6の特徴である**利他的なサービス**です.例えば医師であれば人々の健康を維持するという社会的に重要なサービスの提供を担っており,その際に誇大広告や不当な手段で患者を集めることは禁止されています.医師プロフェッションの行なう活動は営利に影響されることのない利他的なサービスであることが社会的に期待されています.

3.3 倫理綱領のはたらき

倫理綱領は技術者として働く人々にとってどのような意味があるのでしょうか．プロフェッションの特徴を理解すると倫理綱領に対して求められる機能も理解しやすくなります．部分的には 3.2 でも説明しましたが，この節ではその全体像を整理しておきます．

3.3.1 倫理綱領の五つの機能

倫理綱領が持つと考えられる機能は次の表 3-3 としてまとめることができます．

表 3-3 倫理綱領の機能

① 一般社会と専門職能集団との契約に関する明確な意思表示
② 専門職能集団のメンバーが目指すべき理想の表明
③ 倫理的な行動に関する実践的なガイドラインの提示
④ 将来のメンバーを教育するためのツール
⑤ 上記①〜④の機能，および専門職能集団のあり方そのものを議論する機会の提供

札野順編『新しい時代の技術者倫理』放送大学振興会，2015，pp.109-111．

第1に，倫理綱領は社会に対する宣言として機能します．この見方は，倫理綱領をプロフェッションと**一般社会との暗黙の契約**と捉えるものです．すなわち，プロフェッションは社会に不可欠なサービスを独占しながら，自律（自治権）を確保して，さらには高い社会的地位を得ています．これらを実現し続けるためにはプロフェッションに対する社会からの信頼が不可欠です．この社会的な信託に応えることをプロフェッションの側から保証する契約書として，倫理綱領は機能しています．また，プロフェッションとしての社会的地位の向上を目指すために，学協会が積極的に倫理綱領の制定を進めてきたという歴史的側面もあります．

第2に，倫理綱領はプロフェッションとしての理想的な姿を表明しています．ここでは，倫理綱領は**専門家間の契約**として機能しています．倫理綱領を定めることは，各メンバーが共通の理想を定め，互いに約束を交わすことを意味します．専門分野ごとに価値観も少しずつ異なってきますので，専門家のあいだでそれを共有しておく必要があります．さらに，それを拠り所として，ある種の圧力（例えば経費削減のために手抜きをせよという圧力）から自らを保護することができますし，個人としてではなく専門家として抗議することもできるようになります．このように，倫理綱領は，専門家同士の互いの協力を可能とし，一人では抵抗しがたい組織的な圧力に立ち向かうことを支援します．倫理綱領がこのような機能を果たすためには，理想として公的使命への責任が掲げられている必要があります．この公的使命については 3.3.2 で解説します．

　第3に，倫理綱領は，現実社会で倫理問題に直面しているメンバーに意思決定を行いやすくするための**ガイドライン**としても機能します．ただし，倫理綱領はあくまでメンバーの自律的な意思決定を支援するためのガイドラインであって，法律のようなルールではありません．そもそも専門家としては，ルールに盲目的に従うことではなく，プロフェッションの一員としてふさわしい行動を自律的に判断することが求められます．その意味では，倫理綱領は専門家の行動のガイドラインであって，それ以上ではありません．

　第4に，倫理綱領によって，将来そのプロフェッションに所属することになる人々（例えば大学生など）が，科学技術の専門知識の他に専門家として求められていることを**あらかじめ知る**ことができます．専門的な教育・訓練を受ける過程で倫理綱領を参考にすることによって，自らが伸ばすべき社会的な資質を知ることができます．この教育的な側面は将来そのメンバーになろうとする人にとっても専門職能集団にとっても重要なことです．

　最後に，倫理綱領は専門職能集団のあり方そのものを**継続的に議論する機会**を提供します．倫理綱領を継続的に検討することによって，社会に果たすべき責任や自らの理想について考え

直したり，またメンバーが直面している倫理問題や後継者育成のあり方などを具体的に検討したりすることになります．さらに，これを社会に公開することによって，これらのテーマについて一般市民と対話することもできます．このように，倫理綱領の存在によって，専門職能集団は自らの存在意義という本質的な問題について考える機会を得ることができるのです．

3.3.2 政治的道具としての倫理綱領

公的使命が倫理綱領によって明確に定められたことは，技術者にとって大きな意味を持ちます．そうなると，倫理綱領の存在によって**個人として**ではなく，**プロフェッションの一員として**不正に対処することを強力に支援できるからです．

倫理綱領がなくても，自分の判断だけで倫理問題に対処することは可能でしょう．しかしこの場合には，技術者は**個人として**不正に対処することになり，その結果，自分が担う判断への個人的な負担が極めて大きくなります．自分の判断が否定され，自分の場所に他の技術者が入れ替わってしまうと，結局は自分が反対しても無駄に終わるという可能性もあるでしょう．

これに対して，倫理綱領の存在は，プロフェッションのメンバー相互の助け合いを可能にします．技術者は不正に対して，**個人として**ではなくプロフェッションの一員，つまり**技術者として**対処することができるようになります．すなわち，すべての技術者が，公衆の安全・健康・福利の重視という価値観を共有し，それを自らの責任として受け入れることで，たとえ自分の場所に他の技術者が入れ替わったとしても，その技術者もまた同じ価値観で行動してくれることが期待できます．そうすると，個人としての価値判断と専門家としての価値判断とのズレに悩む必要がなくなります．共通の価値観が明記された倫理綱領が存在することで，技術者個人の問題ではなく，プロフェッションという組織の問題として，その問題に向き合えるのです．このように，倫理綱領は技術者の公的使命を実現するための，いわば**政治的な道具**として機能するのです[6]．

ここで注目すべきは，倫理綱領が政治的な道具として機能しうるのは，そこに**公衆に対する責任**が明記されているからだと

6 村田純一『技術の倫理学』丸善，2006, pp. 100-110.

いう点です．倫理綱領の存在が直ちに政治的な力にはなりません．例えば雇用者への忠誠が最優先すべき価値観として定められていたら，その存在は社会に訴える力にはならないでしょう．倫理綱領を政治的な力として利用できるためには，公衆の安全への配慮を技術者が社会に対して訴えるために，それがプロフェッションとして不可欠な社会的責務として倫理綱領に明示されていなければなりません．

そのため，現在の倫理綱領では公的使命がきわめて重要な要素になっています．それを明記した倫理綱領は技術者の仕事を制約するものではなく，むしろ技術者が社会的な責任を果たすために大いに役立つことを期待されています[7]．

---

[7] 公衆に対する責任は，技術者個人が果たすには実現不可能な過大な責任だという批判も存在する．さまざまな事例を通して当事者としての視点から考察するなかで，公衆に対する責任，政治的道具として倫理綱領が果たす機能など，各自でも考慮されたい．

3.4　倫理綱領の歴史

　さまざまな機能を持つ倫理綱領ですが，技術系の学協会の倫理綱領の歴史はそれほど長くはありません．まずは，アメリカにおける倫理綱領の歴史を表 3-4 にまとめました．現代の技術者倫理のルーツであるアメリカでは，技術者集団がプロフェッションになるべく活動した過程で，多くの学協会が倫理綱領を制定しました．表 3-4 にあるように，1912 年に米国電子技師協会（AIEE）が制定したものが，アメリカの技術系学協会としてはじめての倫理綱領だと考えられています．

【ウェブ資料】アメリカにおける倫理綱領の歴史
http://wwwr.kanazawa-it.ac.jp/ACES/docs/history_usa.html

　20 世紀初頭の段階で技術者の基本的な責任と考えられていたものは，一般に雇用主に対しての責任であり，その責任には，従順（obedience），忠誠（loyalty），信頼性（reliability），職務遂行上の専門能力（competence in job performance）といった価値が含まれていました．初期の技術者協会の倫理綱領において重視されたのは，技術者と依頼主・雇用主との契約上の信頼関係と，それを実現するための技術者相互の能力的な信頼関係だったのです．この背景には，自分たちの社会的地位の向上を求める技術者たちの運動がありました．そのため，科学技術を専門とする学協会が倫理綱領を定めていることは，プロフェッションという概念と密接に関係しています[8]．

　しかし，状況に変化が見られるようになります．初期の倫理綱領では公衆に対する責任という観点が欠けていましたが，第二次世界大戦以降，技術者が依頼主や雇用主以外に一般の人々に対しても大きな責任があることが認識されるようになりました．ここで重要な意味を持ったのが，1947 年に定められた専門職養成に関する技術者協議会（ECPD）の倫理綱領です．この倫理綱領では，歴史的に初めて，技術者が公衆に対して有する

[8] 技術者が医師や法律家と同じような意味でプロフェッションであるかどうかはしばしば問題視されるが，少なくとも技術者がプロフェッション化を図る過程で倫理綱領を策定したことは事実である．

表 3-4　アメリカにおける倫理綱領の歴史

第 1 期	職業倫理強調の段階（The Professional-Conduct Phase）
1912 年	米国電子技師協会（The American Institute of Electrical Engineers: AIEE） ▶ 1963 年，電気電子技術者協会（The Institute of Electrical and Electronics Engineers: IEEE）に
1914 年	米国機械技術者協会（The American Society of Mechanical Engineers: ASME） 米国土木技術者協会（The American Society of Civil Engineers: ASCE）

第 2 期	公的使命の段階（The Public Mission Phase）
1947 年	専門職養成に関する技術者協議会（The Engineers' Council for Professional Development: ECPD） ▶ 1980 年，技術者教育認定機構（The Accreditation Board for Engineering and Technology: ABET）に
1974 年	専門職養成に関する技術者協議会（ECPD）が綱領を改定し，**公衆の安全・健康・福利**を最優先すべきことを明記
1977 年	専門職養成に関する技術者協議会（ECPD）が綱領を改定し，人類の福利を最優先すべきことを明記

第 3 期	環境への配慮の段階（The Environmental Concern Phase）
1977 年	米国土木学会（ASCE）が**環境への配慮**を倫理綱領に含める
1985 年	世界技術組織連盟（The World Federation of Engineering Organizations: WFEO）が技術者のための「環境倫理綱領（Code of Environmental Ethics）」を公表
1990 年	電気電子技術者協会（IEEE）が綱領を改定し，環境への配慮を含める
1996 年	米国土木技術者協会（ASCE）が綱領のなかの基本憲章 7 を改定し，**持続可能な開発**（sustainable development）を含める
1998 年	米国機械技術者協会（ASME）が，環境に関する基本憲章 8 を追加する

札野編『新しい時代の技術者倫理』pp. 112-113，表 7-1．（一部改変）

責任，つまり公衆の安全・健康・福利に対する責任が明示されました．さらに，1974年の改定では，さらにこの公衆の安全・健康・福利の最優先が明記されました．ECPDの倫理綱領は，各学協会の模範として定められ，実際に多くの学協会の模範となり，公衆に対する責任（公的使命）も各学協会の倫理綱領で採用されるようになりました．公的使命が現在の技術者倫理で最優先すべき価値と考えられていることは，3.1で解説した通りです．

さらに20世紀後半になると，さまざまな形で環境問題が浮上し，倫理綱領にも環境への配慮を含める学協会が現れはじめました．例えば，米国土木学会（ASCE）は，表3-4にあるように，1977年に環境への配慮を倫理綱領に含めています．

日本に目を転じると，最も早く倫理綱領を定めたのは土木学会で，1938年に「土木技術者の信条および実践要綱」を策定しています．この倫理綱領の策定にあたって主導的な役割を果たしたのが内務省土木技監であり第23代土木学会長であった青山士でした．内村鑑三の薫陶を受けた青山は，大学卒業後にアメリカに渡り，その後7年半にわたりパナマ運河の開削工事に携わりました．当時としてはめずらしいグローバルに活躍する技術者だったのです．倫理綱領の制定は1933年に提案されていましたが，1936年にその調査委員会が組織されて青山がその委員長になり，米国土木学会の倫理綱領などを参考に格調高い倫理綱領を起草して1938年に承認されました．しかし当時の土木学会では倫理綱領への理解度は低く，日本の他の技術系学協会にも大きな影響を与えることはありませんでした[9]．

戦後になると，1951年に日本技術士会が「技術士服務要綱」を制定しました．戦後の経済復興にあたって，アメリカのコンサルタント・エンジニアにならって日本でも優秀な民間の技術者を制度化するために1951年に日本技術士会が発足しました．そして，このアメリカの技術者制度にならって倫理綱領を定めたのです．この技術士制度は1957年の技術士法制定とともに国家資格となり，さらに国際的な同等性も求められるようになって，1961年に新しく「技術士倫理要綱」が制定されました．しかし，この倫理綱領もあまり注目されることはありませんでし

[9] 土木教育委員会倫理教育小委員会編『土木技術者の倫理―事例分析を中心として―』土木学会，2003，第2章．

た．というのは，技術士の資格を持つ技術者の数が多くなかったということもあり，大きな影響力を持つことはなかったのです．

　日本で現代的な倫理綱領が策定されたのは，1996年の情報処理学会によるものがはじめてでした．当時の世界中の情報処理関係の学会で倫理綱領を持っていなかったのが日本と韓国だけであったという状況で，国際的な外圧によって急いで定められたという事情がありました．現在では，主要な学協会が倫理綱領の策定・改訂を活発に行っています．

> 【ウェブ資料】日本における倫理綱領の歴史
> http://wwwr.kanazawa-it.ac.jp/ACES/docs/history_japan.html

3.5 倫理と法律

　倫理綱領には懐疑的な立場もあります．例えば，哲学者のラッド（John Ladd）は，倫理とは唯一絶対の正解がなく，その判断は反省によって自律的に変化していくはずなのに，倫理綱領に頼って正解を求めるような態度が生じると，倫理と法律が同じようなものとして扱われてしまうと指摘しています[10]．3.4で学んだように，倫理綱領には歴史的な段階を経て方向性の異なる価値観が組み込まれてきました．これらの倫理綱領内の価値が対立して倫理問題を生じさせるため，ただ倫理綱領に従えば問題が解決する，ということにはなりません．ただし，倫理綱領と法律はどちらも社会規範には違いありませんし，形式として似ていることも事実です．そのため，ここで一般的に倫理規範と法律の関係について考えておきましょう．さらに，技術者と法律との関係についても簡単に解説します．

3.5.1 倫理規範と法律の違い

　倫理と法律の関係については，さまざまな考え方がありますが，倫理が法律よりも，一般的により広く基本的なものであるということは言えるでしょう．倫理問題には，社会規範として明確化できるものと，本質的なジレンマが存在していて社会規範として明確化できないものがあります．例えば，情報倫理の多くの問題ではリテラシーなどで規範化できていますが，生命倫理の多くの問題では本質的なジレンマが多いため規範化がかなり困難です．また，社会規範がすべて倫理規範であるわけではありません．作法などは，最初は倫理的な含意があって慣習化したものであっても，現在では倫理的な含意が失われて形式化しているものも数多くあります．例えば，あなたは冠婚葬祭のマナーの意味をどこまで理解しているでしょうか．

　法律については，人間の普遍的な倫理や本性などによって定められる自然法と，権力や理念によって人為的に定められる実定法があります．窃盗や殺人の禁止は自然法でもあり倫理でも

10　ラッド「専門職倫理規定の追求—知性とモラルの混乱—」ヴェジリンド，ガン『環境と科学技術者の倫理』丸善，2000．

あります．実定法の多くも自然法に基づくべきでしょうが，経済のルールや各種手続きに関する法律など，社会を円滑に運用するために定められる技術的な実定法は基本的に倫理に基づいているわけではありません．例えば道路交通法では赤色信号を進行の禁止と定めていますが，そこに倫理的な根拠があるわけではなく，あくまで交通を円滑化するための社会的なルールということになります．ただ，そのルールの内容には倫理的な根拠はなくても，もちろん交通のルールに従うこと自体には倫理的な根拠があります．

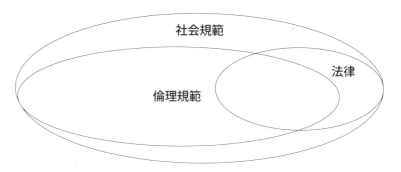

図 3-1　倫理規範と法律の関係

信号の例からもわかるように，法律を守ること（法令遵守）そのものは倫理的行動です．法律を守らないという行為はまったく普遍性を持ちません．違法行為が蔓延する社会を想像してみてください．ただし，例えば悪法は倫理に反するものですので，それを守るべきかどうかは倫理的なジレンマになります[11]．

11　悪法以外にも倫理的なジレンマを持つ法律はいろいろと存在する．例えば，日本では死刑が法律で定められているが，死刑がどこまで倫理的かどうかは意見の分かれるところであろう．

法令遵守

法令をきちんと守ること．

倫理と近代的な法律には，制裁という観点からも大きな違いがあります．倫理と法律の違いは表 3-5 のように整理できます．

また，同じ社会規範でも倫理規範と法律では形成されるプロセスが大きく異なります．内容についても法律の方がはるかに厳密さを求められます．そのため，一般的に法律は「後追い」

表 3-5　倫理と法律による社会的制裁の違い

	対象	強制力	制裁の範囲
倫理	行為者 （人間性・思想）	恣意	社会的に許されるまで
法律	行為 （思想良心の自由）	制度的管理	事前に規定 （罪刑法定主義）

になります．

例えば，日本では，「個人情報の保護に関する法律」が2005年より全面施行されました．これはすでに公布されていた行政機関を対象とする法律に加えて，民間部門を対象としたものです．民間部門に対しても旧通産省によるガイドラインは存在していましたが，それは法的拘束力を持っていませんでした．このような法律が整備されることはもちろん望ましいことですが，この法律ができる以前に個人情報流出に関わる問題がなかったかと言えばもちろんそのようなことはありません．事態は逆であって，問題が顕在化した結果として，法整備が求められました．このように，法律には本来的に問題の「後追い」とならざるを得ないという性格があります．

一方，倫理は，法律が施行される前から新しい問題を考察しうるものです．あるいは，そもそも問題として認識すらされていないものを問題として顕在化する役割もあります．そのため，倫理は法律よりも対象が幅広く基本的であり，つねに新しい問題に直面していく科学技術の専門家にとっては本質的に重要であると言えます．

> **質問3** 倫理だけで法律の存在しない社会には，どのような懸念があるでしょうか．
> 法律だけで倫理の存在しない社会には，どのような懸念があるでしょうか．

3.5.2 技術者と法律

　技術者の仕事にはさまざまな法律が関わってきます．セブン・ステップ・ガイドのステップ2でも検討すべき事実関係として法律という要素がありました．技術者も社会の一員であり，法令遵守は倫理的な義務です．技術者が実際に業務を行うにあたっては，それに関連して実にさまざまな法律が存在し，技術者が負う法的責任も表3-6で示したように多岐に渡ります．これらをすべて把握することは，それだけで高度な専門知識を必要としますが，技術者が法律の知識をきちんと持つことは技術者の義務であるだけでなく，職務発明など技術者の権利を知ることにもなります．その意味でも関連する法律の知識は不可欠となります．

表 3-6　技術業に関わる法的責任と関連する法律

① 民事責任と刑事責任：民法や刑法など
② 消費者の安全・安心を守る責任：PL（製造物責任）法など
③ 他者の権利を尊重する責任：特許法，著作権法，その他知的財産権を守る法律など
④ 個人の情報を守る責任：個人情報保護法など
⑤ 公益通報（内部告発）に関する責任：公益通報者保護法など

【ウェブ資料】各種法令のリンク集
http://wwwr.kanazawa-it.ac.jp/ACES/see.html#laws

　法律は仕事のあらゆる段階にかかわっています．製造業であれば，製品の設計，原材料・部品調達，製造，供給・購入，利用・消費，回収・廃棄のそれぞれの段階に関連する法律が存在します．技術者は，自らの業務に関連してどのような法律があるのかを知り，その内容について理解していなければいけません．

　さらに，科学技術を取り巻く社会状況の変化にともなって法律が改正されることもあります．技術者は自らの業務に関連する法律の知識に関して，つねに最新の内容を把握する必要があ

ります.

しかも,法律さえ守っていればよいという理解は不十分ですし不適切です.前述のように,法律はつねに問題の「後追い」であるという性格を免れず,また悪法やいわゆる「ざる法」の存在も否定できないため,技術者として公衆の安全・健康・福利を実現するためには法律だけでは不十分だからです.「法は倫理の最低限」[12]とも言われるように,法律に従うだけで倫理的責任のすべてが尽くされるわけではありません.

[12] イェリネク『法・不法及刑罰の社会倫理的意義』岩波書店,1936,p.58.

【自分の専門分野の法律】(記録しておこう)

3章のまとめ

① 倫理綱領とは，組織の持つ倫理的な価値観（責務や理想など）を明記した行動規範である．

② 技術系学協会の倫理綱領では，公的使命（公衆に対する責任）がもっとも重視されている．

③ 専門家組織が倫理綱領を持つことは，その専門職が社会的にプロフェッションとして認められるための必要条件である．

④ 倫理綱領は社会および専門家同士の契約であり，倫理的行動を支援する政治的な道具としても機能する．

⑤ 法令遵守は義務であるが，それだけでは不十分である．倫理は法律よりも対象が幅広く基本的であり，つねに新しい問題に直面していく科学技術の専門家にとっては本質的に重要である．

Column | 日本技術者教育認定機構（JABEE）と技術士

　日本技術者教育認定機構（Japan Accreditation Board for Engineering Education: JABEE）とは，日本の大学等で実施されている技術者教育について，その教育プログラムの質保証を行っている一般社団法人です．大学教育の評価は政府機関である文部科学省が行うべきと思うかもしれませんが，教育評価を国家が行うことには危うい面もあり，グローバル・スタンダードではありません．JABEEは，ワシントン協定などの国際協定に加盟して技術者教育の同等性を国際的に保証するために1999年に設立されました．1990年代は大学改革とグローバル化が大きく進んだ年代であり，この設立は，**大学教育の質保証**と**職業教育**への期待に応えるとともに，国際協定が進むことで**技術者が日本の学歴を持っていても世界で通用しなくなることへの危機感**に応えるものでもありました．

　JABEEの認定基準は国際的な基準に準拠しており，その基準では技術者倫理教育が必須とされています．このこともあって，2000年頃から多くの大学で技術者倫理の講義が開講されるようになり，また必修化も進みました．

　このJABEEの設立と同時期に進んだのが，技術士資格の国際化です．3.4で解説したように，技術士制度そのものは1950年代に日本独自のコンサルティング・エンジニア（CE）の制度として発足しました．そのため，欧米の一般的な技術者資格であるプロフェッショナル・エンジニア（PE）制度とは国際的な整合性がありませんでした．このことが**グローバル化の進展**とともに大きな問題になってきます．1990年代の半ばにAPEC（アジア太平洋経済協力）で**技術者資格の国際的な相互承認**が制度化されることになり，技術士資格がこれに対応しなければ，日本で他の技術者資格を新しく立ち上げるか，さもなければ日本の技術者がアジア太平洋地域での仕事を著しく制限されるという事態になりました．このような事態に対応するために，技術士はコンサルティング・エンジニアに限定しない一般的な技術者資格へと公式に拡大され，その英名もProfessional Engineer Japan（P.E. Jp）へと変更されました．さらに大学教育とも連携を図るために，JABEE認定プログラムの修了者が文部科学省告示によって技術士資格の一次試験を免除されて技術士制度の「修習技術者」となり，さらに登録することで「技術士補」の資格も得られるようになりました．

　技術者倫理は，上記のAPECエンジニアの資格要件の一つにもなり，日本の技術者のあいだでも大いに注目が高まっていきました．日本技術士会は，技術者倫理教育の分野では日本で初めて，1998年にアメリカの技術者倫理の教科書を翻訳出版しました．それ以来，技術士はこの技術者倫理教育の普及を日本でけん引してきました．2007年には，3.2で解説したプロフェッションとしての技術

士のあり方を内外に発信するものとして「技術士プロフェッション宣言」を採択しています．

技術士プロフェッション宣言

われわれ技術士は，国家資格を有するプロフェッションにふさわしい者として，一人ひとりがここに定めた行動原則を守るとともに，社団法人日本技術士会に所属し，互いに協力して資質の保持・向上を図り，自律的な規範に従う．

これにより，社会からの信頼を高め，産業の健全な発展ならびに人々の幸せな生活の実現のために，貢献することを宣言する．

技術士の行動原則

1. 高度な専門技術者にふさわしい知識と能力を持ち，技術進歩に応じてたえずこれを向上させ，自らの技術に対して責任を持つ．
2. 顧客の業務内容，品質などに関する要求内容について，課せられた守秘義務を順守しつつ，業務に誠実に取り組み，顧客に対して責任を持つ．
3. 業務履行にあたりそれが社会や環境に与える影響を十分に考慮し，これに適切に対処し，人々の安全，福祉などの公益をそこなうことのないよう，社会に対して責任を持つ．

平成 19 年 1 月 1 日
社団法人　日本技術士会

日本技術士会「技術士プロフェッション宣言」
https://www.engineer.or.jp/c_topics/000/000029.html

企業経営の価値観と倫理

　科学者・技術者の倫理的行動を促す環境を整えていくために，そして組織そのものが倫理的に活動していくために，組織には何が求められるのでしょうか．本章では科学者・技術者の多くが仕事をする組織として，企業の倫理を考えます．そのために，まずは企業経営の価値観を知る必要があります．企業とは，経済市場で製品やサービスの生産・販売を行うための組織です．経営を持続させるためには経済的な利益が求められ，企業は一般にそれを最大化しようとします．これは1章で考察した科学技術で重視される価値観とは異質なものです．しかし，科学技術の専門家には，企業で，あるいは企業と仕事をするのであれば，企業経営の価値観への配慮も求められます．また，企業の利益も経済的な利益だけにとどまらないはずです．企業にはそれぞれの事業に応じた社会的な目的があり，社会的な利益があるはずです．これらの価値観をより良く展開していくことが，企業の倫理であり，科学技術者倫理にもなります．このことを，経営倫理学の考え方を参考にしながら学んでいきます．

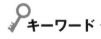キーワード

法令遵守，コンプライアンス，価値共有型企業倫理プログラム，効率と競争，人間性と社会性，ステイクホルダー，企業の社会的責任（CSR）

4.1 法令遵守とコンプライアンス

3.5で説明したように，**法令遵守**は社会を維持するために必要不可欠な倫理的行為です．法律を守らないという行為はまったく普遍性を持ちません．法令遵守は最低限の前提であり，絶対であると理解してください．

> **重要　法令遵守**
>
> 法令をきちんと守ること．

法令遵守を個々の法律に対する線引き問題と考える人もいるかもしれません．例えば道路交通法では赤色信号を進行禁止と定めていますが，急いでいるときに赤信号でも道路を横断したことのある人はいると思います．この場合に，徳倫理，義務倫理，功利主義のそれぞれの立場から，この行為をどのように評価できるでしょうか．この行為は，徳倫理と義務倫理の立場からは明らかに許容できません．この行為には普遍性がありませんし，遵法精神が損なわれるため，法律一般に対する社会的信頼を低下させてしまいます．その一方で，功利主義の立場からは，その1回に限った短期的・個人的な判断としては利益として評価されるかもしれません．しかし，長期的・社会的にはどうでしょうか．

赤色信号の例は個人の例ですが，組織としての企業の法令遵守についてはどうでしょうか．まず，徳倫理と義務倫理の立場からは，組織が法令遵守を軽視するようになると社会規範が崩れますので，人間性も堕落し，恐ろしい状態になります．また，功利主義の立場からは，組織として行動する分だけ，個人の行動よりも多様性と不確実性が増し，リスクが大きく高まります．経済市場ではなるべく自由を尊重すべきと考えられており，それを円滑に進めていくためにルールの重要性も高くなります．2.2で解説したように科学技術の高度化とグローバル化によって

多様性と不確実性が高まりますし，扱う技術によっては安全保障の問題[1]も関係してきます．そのため，法令遵守は社会的に極めて重視されるようになっており，違反に対する取り締まりも国内外で強化されています．このように，徳倫理と義務倫理の立場からはもちろん，功利主義の立場からしても，あらゆる場合で法令遵守は重要になります．科学技術の専門家としてはもちろん，企業の一員としても，法令遵守は絶対であると理解してください．

その一方で，法令遵守だけでは社会にとって不十分であることは，3.5 の倫理と法律の関係で説明した通りです．法律さえ守っていればあとは何をしてもいいわけではありません．消極的に義務として法律に従っているだけの人や組織とは，信頼して協力することはできません．不測の事態や科学技術が可能とする新たな状況において，法律の不備をついて非倫理的な行動をとるかもしれませんし，いつどのように社会規範を軽視するかわからないからです．法律は最低限の社会規範に過ぎませんので，それ以外の倫理規範も重視しながら社会的により良い判断を自律的に考えて実行していくことが求められます．このように社会的責務に積極的・自律的に応じていく倫理的姿勢を**コンプライアンス**と言います．

> **重要**
>
> **コンプライアンス**
>
> 法令に限らず社会的責務と考えられることに積極的に応じていくこと．

コンプライアンス（compliance）とは，一般に「従うこと」あるいは「応じること」という意味の言葉です[2]．倫理においては，社会規範に協調的に行動することであり，礼儀正しさとも言えます．法律に限らず，社会的責務と考えられることに積極的に応じていくことであり，本人の積極性や主体性とは関係なく求められる法令遵守とは大きく異なります[3]．コンプライアンスでは，法令遵守は最低限として求められますが，さらに社内の行動規範やマニュアルを守ることはもちろん，一般的な社会

[1] 安全保障については，兵器はもちろんデュアルユース技術の管理と開発が大きな問題になっている．これについては5章で解説する．

[2] 英語の comply（従う，応じる）の派生語であり，comply は apply（適用する，応用する）の対義語である．

[3] コンプライアンスは「法令等遵守」と訳されることもあるが，ここで説明したようにコンプライアンスと法令遵守では求められる姿勢が本質的に異なる．

4章　企業経営の価値観と倫理

4 田中宏司『新版コンプライアンス経営―倫理綱領の策定とCSRの実践―』生産性出版, 2005, p. 32.

規範の遵守, さらに発展的な段階として企業理念やビジョンに応じた社会活動の展開が期待されます[4]. コンプライアンスとは, このように社会に対して発展的に開かれた倫理的行動のことを意味します.

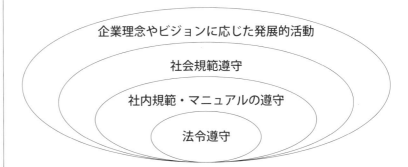

図 4-1　企業のコンプライアンスの広がり
田中『コンプライアンス経営』p. 32, 図表 1-5.（一部改変）

　日本では1980年代後半から90年代にかけて企業不祥事が大きな社会問題となりました. とくに金融業界では粉飾決算や利益供与, 反社会的勢力（暴力団）との癒着などが問題となり, 不良債権問題の影響から大手の銀行・証券会社の経営破綻が相次ぎました. このような事態を是正するために, 企業倫理がそれまでになく注目されるようになり, 企業には法令遵守だけでなくコンプライアンスが求められるようになりました. そして各企業は, 直ちに違法行為ではなくても社会通念上望ましくない**不当行為**や**良識に欠ける行為**についての倫理的な行動基準を倫理綱領などで定めていきました.

　豊かな社会のためには, 企業の利益を経済的な価値観ばかりではなく, 社会的に多様で幅広い価値観から評価することが必要不可欠です. それが欠けると社会からの敬意は得られず, 経営基盤も貧弱になり, 不祥事も起こしやすくなります. あなたが仕事をする企業の利益とは何でしょうか. なぜその企業が社会に存在する意味があるのでしょうか. 仕事をしていくにあたって, ぜひその本質的な問題をしっかりと考えてください.

4.2　企業倫理と価値共有

　企業がコンプライアンスを組織的に実現していくために，どのような制度を整えていけばよいのでしょうか．例えば，経営者の判断を徹底させるために規則やマニュアルによって従業員の行動を束縛しようとすると，自由度が低くなり，実際的にも精神的にも働きにくい職場になってしまいます．ぜひ皆さんも，これまでの経験を思い出しながら考えてみてください．

> **質問4-1**　技術者による倫理問題を減らすために，技術者が倫理問題でなるべく悩まなくても済むように，ただし，組織全体が管理的になって閉塞感が生まれないように，組織は何ができるでしょうか，あるいは何をすべきでしょうか．

　大勢の従業員がいると，よく知らない人も出てきますし，そのすべての人を信頼していくことは難しいかもしれません．しかし，性悪説的な観点から規則によって管理を強めると，組織は閉塞的になり，新たな状況に臨機応変に対応できなくなっていきます．そして，そのことがさらなる不祥事の誘因にもなりかねません[5]．そのため，本質的な価値観を企業全体で共有しながら，具体的な個々の判断については各人の自律的な判断に委ねるという，企業全体と従業員それぞれの倫理をうまく相補的に機能させていく体系的な制度設計が重要になってきます．このような制度を，**価値共有型企業倫理プログラム**[6]と言います．

　価値共有型企業倫理プログラムでは，まずは企業が重視する価値観を明確化することが求められます．企業全体の価値観を倫理綱領として明示するとともに，企業のトップが自ら組織内外に方針を宣言することで，その理解をステイクホルダー間で共有します．そして，従業員がその価値観に基づいて倫理的な判断と行動を自律的に進めていけるように，さまざまな制度を組織的に作り上げていきます．その際には，3.3で解説したよう

---

[5] そして，従業員による内部告発でしか，不祥事を改善できない組織になりかねない．

[6] 梅津光弘『ビジネスの倫理学』丸善，2002，12章．

に価値観を従業員が自ら吟味して，必要に応じて改善していける柔軟さも求められます．この制度の設計思想は，従業員の判断をあてにせず，規則とマニュアルによって管理しようとする法令遵守型のプログラムとは大きく異なります．具体的な実施例は各企業によってさまざまですが，一般的には表 4-1 のような各種制度を整えていくことが良いと考えられています．

 表 4-1　価値共有型企業倫理プログラム

1. 倫理綱領の策定
2. 組織トップおよび管理職の役割とリーダーシップ
3. 倫理担当役員，実務責任者の任命と専任部署，委員会の設置・運営
4. コミュニケーションの推進
5. 教育・研修の実践
6. 相談報告窓口（ヘルプライン等）の設置と運営
7. モニタリングの定例実践
8. 広報活動

経営倫理実践研究センター「経営倫理実践プログラム―8つのステップ―」2002.

　科学者・技術者も，多くの人は何らかの形で組織を管理する立場になっていきます．そこには意識の低い人や，周りに流されやすい人もいるでしょう．悪いことをしたいとは思っていなくても，一人だと魔が差してしまうこともあります．重視すべき価値観を企業全体で共有することで，組織の実情をきちんと検証・反省・改善していける制度を整え，従業員に倫理的に良くない行動を強いることなく，より良い行動を積極的に支援していけるような組織づくりを目指しましょう．各企業の具体例については，ぜひ自分の関心のある企業について，ウェブページや各種報告書などで調べてみてください．

【ウェブ資料】企業倫理プログラムの実際
http://wwwr.kanazawa-it.ac.jp/ACES/docs/bep.html

4.3 企業経営の価値観

ここまでで，企業倫理として一般的に求められていることを学びました．しかし，これらの理念を効果的に実施していくためには，企業経営で求められる価値観についての理解が欠かせません．価値観の違いによって，企業の判断が科学技術の専門家の判断や一般市民の判断と異なってくることがあります．そこで生じている価値観のジレンマが，科学技術者倫理で最も一般的な問題の構造となっています．そこで，この節では企業経営の価値観をより具体的に考察するために，効率性，競争性，人間性，社会性の四つの観点から分析していきます[7]．

4.3.1 効率性と競争性

企業経営では経済的利益の最大化が目的となるので，1円でも少ない投資額から1円でも多い利益を生み出すことが求められます．このことは，経営者からは経営効率として，株主からは投資効率として評価されます．このため，企業経営では全体として**効率性**が重視されます．この効率性を高めていくために，業務内容のあらゆるところで方法を改善し，無駄を省いて，労働者の時間当たりの生産性を高めることが目指されます．

また，経済市場では，消費者は同じような商品であれば1円でも安くて良いものを購入したいと考えます．そこで，より多くの顧客を獲得するためには，他社に対して価格や品質の優位性が求められます．このため，企業経営では全体として**競争性**が重視されます．企業経営はこの効率性と競争性という二つの価値によって支えられており，この二つには**相補性**があります．例えば，効率的な経営はコストを圧縮し，価格を低く抑えることができるため，市場での優位性を得ることができます．

しかし，企業の経済的利益を追求するあまり効率性と競争性ばかりが過度に強調されると，一般社会の価値観にそぐわない，さらには法律違反となるような意思決定が推し進められることになります．次のコラムで紹介する三菱自動車の燃費不正問題

[7] 本節で解説する四つの価値からの分析は，経営学者の水谷雅一の方法に基づく．（水谷雅一『経営倫理学の実践と課題―経営価値四原理システムの導入と展開―』白桃書房，1995.）

でも，そのような行き過ぎがみられます．この事件の背景として，エコブームに起因する他社との燃費競争が進む一方で，燃費向上のために必要な研究開発費が全社的なコスト削減によって十分確保されていなかったことが調査報告書で指摘されています．

Column | **三菱自動車の燃費不正問題**

2016年4月に，三菱自動車が軽自動車4車種で燃費データを改ざんしていたこと，および法律とは異なる方法で走行抵抗を測定していたことが発覚しました．さらにその2か月後までのあいだに，三菱自動車ではそれ以外の車種でも燃費試験で不正行為が行われていたことが明らかになりました．

この問題について外部の特別調査委員会が組織され，同年8月にその調査報告書が発表されました．この報告書では不正問題の原因と背景として次の7点が指摘されています．

① 性能実験部が目標達成のための責任も負っていたこと
② 開発本部全体の人員や日数が少なく，業務過多によって疲弊していたこと
③ 性能実験部にできないことを「できない」と言えない風土があったこと
④ 法令遵守の意識が希薄であること
⑤ 性能実験部が閉鎖的な組織になって開発と検証の両方を担当しており，認証部の監視機能も果たされていなかったこと
⑥ 競争性を高めるために燃費達成ばかりが求められ，技術的な実現可能性について積極的な議論が行われなかったこと
⑦ 会社が一体となって自動車を作り，売るという意識が欠如していること

その中でとくに，③については業務内容のブラックボックス化，④については法令に関する部署の不在なども指摘されており，⑦については，（ア）経営陣および幹部の研究現場に対する関心が低いこと，（イ）開発本部内の各部署が自分たちの業務にしか関心を持っていないこと，（ウ）自動車開発に関する企業理念（三菱自動車らしさ）が共有されていないこと，の3点が指摘されています．

調査報告書によると，2011年の社内コンプライアンス・アンケートによって，経営陣やコンプライアンス担当者は虚偽報告や捏造・改ざんの問題を把握していたようです．しかし，この時点では簡単なヒアリング調査だけで問題なしとされてしまいました．また，2005年の新人提言書発表会でもコンプライアンスの観点から測定方法の改善が提案されていましたが，それも放置されました．

三菱自動車は2000年と2004年の2度にわたるリコール隠し事件※を起こし

ていました．これらの事件によって同社の売り上げは低迷し，全社的な「聖域なきコストカット」が進められました．この経費削減によって研究開発が停滞したことが燃費不正問題の組織的要因の一つになりました．

新人も燃費不正指摘　調査委報告
05年　三菱自，見直し提言放置

三菱自動車は2日，燃費データの不正を調べていた第三者による特別調査委員会（委員長＝△△△△・前東京高検検事長）の調査報告書を公表した．報告書は，約25年間続いた燃費データの測定方法の違反を見直すよう，新人社員が提言したのに放置していたことを明らかにした．経営陣の現場への関心や理解の低さ，開発担当者の法規意識の希薄さなどが不正を招いたと指摘し，「会社が一体となって自動車を作り，売るという意識が欠如している」と厳しく批判した．〈報告書要旨と関連記事経済面〉

経営陣　現場理解足りず

三菱自の益子修会長兼社長は記者会見し，「経営責任は逃れられない．課題を解決し，新しい体制に引き継いでいく」と陳謝した．社内処分とともに，再発防止のために設置した事業構造改革室を中心に組織改革などを検討する．三菱自では遅くとも1991年から，国が定めた方法とは異なる方法で燃費データを取っていたほか，調査委は，遅くとも2005年12月頃から全ての車種で燃費算出の基となる「走行抵抗」などを走行試験せずに机上で計算するなど，何らかの不正を行っていたと認定した．

報告書によると，燃費不正の舞台となった性能実験部で05年2月に行われた「新人提言書発表会」では，燃費データの測定方法が取り上げられ，新人社員が「法規に従うべきだ」との趣旨の提言を行った．発表会には当時の部長らも出席していたが，運用は改められなかった．

過去の不祥事を受けて11年に行った社内アンケートでは，開発本部の社員から「認証資料の虚偽記載」「品質記録の改ざん」「虚偽報告がいまだに存在する」など，不正を示唆する回答が複数あった．アンケート結果は経営陣などにも報告され，事実確認を行ったが，開発本部では一部に聞き取り調査をしただけで，「問題なし」と結論づけていた．

また，報告書によると，13年に発売された軽自動車「eKワゴン」の開発過程では燃費目標が5回引き上げられた．開発部門からは目標引き上げに対し，コストなどを理由に慎重な意見も出たが，11年5月の商品会議では，当時社長だった益子氏は「低燃費化とコストを比較検討するのではなく，両者を両立すべき」だと発言．こうした経営陣の意向などもあり，技術的な裏づけがないまま，強引に引き上げが行われていった．

不正は年を追うごとにエスカレートしていき，調査委の△△△△委員（弁護士）は2日の記者会見で，「（14年に一部改良して発売された）eKワゴン以降の不正は，机上計算とも呼べない恣意的な（データの）算出だ」と指摘した．

報告書は，走行抵抗の改ざんについて，「経営陣が直接関与した事実までは認められない」としながらも，「経営陣は，会議の場で，専ら競合車に勝つためのトップクラスの燃費達成を求めるばかりで，技術的観点からの実現可能性について積極的に議論に参加したといえるような形跡は見当たらない」と批判した．

特別調査委の報告書骨子
▽法規違反の意識が希薄
▽経営陣や幹部の開発現場に対する関心が低く，実情や実力を十分把握せず
▽開発人員が少ない
▽上司の指示に「できない」と言うことが容易でない企業風土
▽法規に従うべきだとの新人からの提言など，問題を把握する機会を見逃す
▽会社が一体となって自動車を作り，売るという意識が欠如

図 4-2　「新人も燃費不正指摘」『読売新聞』2016 年 8 月 3 日朝刊 2 面

このように事実を直視せずに不正行為を容認する企業風土が醸成されてしまうと，正しいことをしようとする人は正当に評価されず，人材の流出を招き，さらに不正行為から抜けられなくなるという悪循環に陥ります．技術者や経営者がどのように行動すれば，このような不正問題を改善していくことができるのでしょうか．この三菱自動車の調査報告書には問題の分析とともに再発防止策も述べられていますので，ぜひ目を通しておいてください．

※リコールとは，欠陥の見つかった製品を生産者が公表・回収して無料で修理すること．その他に，政治家や裁判官などの公職者の解職（罷免）要求のこともリコールという．リコール隠しとは，本来であればリコールすべき欠陥の情報を公表せず，回収・修理の義務を免れようとすること．

特別調査委員会「燃費不正問題に関する調査報告書」2016.
http://www.mitsubishi-motors.com/content/dam/com/ir_jp/pdf/irnews/2016/20160802-02.pdf

4.3.2 人間性と社会性

企業経営の価値として**効率性**と**競争性**ばかりが強調されてしまうと，一般社会の価値観にそぐわない，社会的な配慮に欠けた視野の狭い利己的な判断が助長されてしまいます．この問題を社会的に改善していくために，**人間性**と**社会性**を加えた四つの価値から企業経営を評価します．企業経営では，これらの価値をバランスよく発展させていくことが重要です．このことは，決して経済的な利益を軽視するものではありません．むしろ，人間性と社会性を高めることで企業の社会的価値が高まり，職場環境も改善されて，効率性や競争性も高められることが期待できます．この四つの価値の関係を図 4-3 に示します．

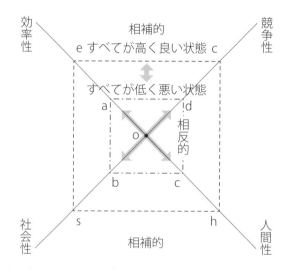

点線大正方形 eshc では効率性と人間性，競争性と社会性がそれぞれ両立しながら，より良いバランスで拡大的に展開されている．それに対して点線小正方形 abcd では縮小的にしか展開されていない．

図 4-3　四つの価値による企業経営の評価

水谷『経営倫理学の実践と課題』p.48, 図 4.（一部改変）

効率性と競争性の二つの価値と人間性と社会性の二つの価値は，それぞれ対称の位置にあります．効率性と人間性，競争性と社会性がそれぞれ対応づけられます．人間性とは，従業員の雇用条件や職場環境において人間らしさを尊重する価値のこと

です.また,社会性とは,社会的存在としての社会への配慮と貢献を促進する価値のことです.

表4-2　人間性と社会性において重視されることの例

人間性	社会性
・他者への共感的な配慮 ・人権の尊重 ・過酷な職場環境の改善 ・身分,性,人種などによる差別待遇の廃止 ・会社生活におけるやる気の充足,ゆとりと豊かさの実感	・法令遵守とコンプライアンスの実現 ・幅広いステイクホルダーへの配慮 ・社会の発展に寄与する行為の奨励 ・環境保全活動 ・海外事業の展開による開発途上国への支援

水谷『経営倫理学の実践と課題』pp. 40-42.

　これらの四つの価値において,前述のように**効率性**と**競争性**には**相補性**があります.高い市場占有率が実現すれば,大量生産によって効率性も競争性も向上するでしょう.また,**人間性**と**社会性**にも**相補性**があります.仕事を通じて社会に貢献している実感が得られれば,従業員はその仕事から大きな満足感を得られ,やる気も高まるでしょう.

　その一方で,**効率性**と**人間性**には**相反性**があります.経済的な利益を高めるために効率性ばかり追求すると,仕事から余裕が失われ,仕事内容や職場環境から豊かさが失われかねません.さらに悪化すると,帳簿上の効率性を高めるために従業員はサービス残業を強いられ,健康を損ない,過労死に至る可能性すら出てきます.

　競争性と**社会性**にも**相反性**があります.競争性ばかりを追求すると,法律や規則ぎりぎりの方法を取るようになり,違法行為へとエスカレートしやすくなります.三菱自動車の事例を考えてみてください.その一方で,社会性ばかりを追求しても企業としての競争力を失い,企業の存続を危うくします.

　企業経営では,これらの相反する価値をバランスよく両立・

発展させていくことが望ましいことは当然でしょう．人間性を尊重しながら効率性を十分に追求し，コンプライアンスを重視して積極的に社会貢献しながら競争性を十分に追求していけるような両立関係の実現は，企業活動の普遍的な目標と言えます．この目標が実現できれば，その企業は社会から尊敬されるでしょうし，経営基盤も盤石になっていくでしょう．

> **●質問 4-2** 経営において効率性，競争性，人間性，社会性の四つの価値がより良く実現できている企業にはどのような企業があるでしょうか．企業を一つ選んで，これら四つの価値がどのように実現できているか具体的に分析してみましょう．

4.4 ステイクホルダーと社会的責任

最後に，企業経営において人間性と社会性を高めていくための考え方として，**ステイクホルダー・マネジメント**と **CSR ピラミッド**を紹介します．ステイクホルダー・マネジメントは企業活動のさまざまな局面で用いられる考え方です．また CSR ピラミッドは，とくに企業活動のコンプライアンスを社会的責任という観点から階層的に整理するための考え方です．

4.4.1 企業のステイクホルダー

ステイクホルダーについては，すでに 2 章で説明しました．ステイクホルダーは利害関係者と訳すことができますが，金銭的な利害に限らず，幅広く多様な利害を想定することが必要です．また，ステイクホルダーには見えやすい存在と見えにくい存在があり，社会的に強い存在と弱い存在があります．とくに科学技術者倫理では，製品のユーザーや地域住民など，自分の行動によって安全・健康・福利に危害が生じる可能性のある人々のことは絶対に考慮する必要があります．

> **重要　ステイクホルダー（利害関係者）**
>
> 社会的な価値判断に何らかの形で影響を与えたり受けたりする個人や集団のこと．
> 利害関係としては直接的なものから間接的なものまでさまざまな可能性を想定し，とくに社会的な見えにくさや価値観の多様性には注意が必要．

このステイクホルダーという概念は，経営学の分野から一般的に使われるようになりました．経営学者のフリーマン（R. Edward Freeman）は，英語で株主を意味する**ストックホルダー**（stock holder）の概念を拡張し，企業活動から利益を得たり危害を被ったり，あるいはそれによって権利を侵害されたり尊重

されたりする個人や集団を幅広く含めた**ステイクホルダー**（stake holder）という概念を展開しました[8]．株主は企業と利害を共有していますが，ステイクホルダーも企業と利害を共有していることに違いはありません．

そしてフリーマンは，現代の企業経営者のなすべきことはステイクホルダーの権利を保護・促進することであると主張しました．それまでは企業は株主のものであり，企業の経済的な利益は株主に属するとする理解が一般的でしたが，それを転換して，企業を社会全体のものとし，企業の意思決定に影響をうけるステイクホルダーも幅広く分析の対象として企業経営の社会的責任を分析していったのです．

このように定義すると，さまざまな対象がステイクホルダーとして理解できます．株主はもちろん，従業員，顧客，取引業者などが，企業と直接的な利害関係を持っています．しかし，その範囲を地域社会，国家，世界，地球環境へと広げていくとどうでしょう．株主や従業員と比べると，直接には顔が見えませんし，つかみどころがないと思うかもしれません．このような拡張されたステイクホルダーのすべてが，まったく同じ権利を企業に対して持つというのも違和感があるかもしれません．

そこでフリーマンはステイクホルダーを**狭義のステイクホルダー**と**広義のステイクホルダー**に区別しました．図4-4は，企業を取り巻く**狭義のステイクホルダー**を示しています．ここにあげた，経営陣，地域社会，顧客，従業員，納入業者，オーナーは，とくに企業活動と直接的な利害関係を持って共存しているステイクホルダーです．

この中でわかりにくいのは，オーナーと地域社会かもしれません．オーナーは，一般的には株主になります．株主は企業にお金を投資してその分の株券を所有しています．しかし，フリーマンはここを株主だけとせず，社債の所有者なども含めてオーナーとしています．オーナーは株式や社債などで企業と財政上の利害関係にあり，さまざまな形で，場合によっては自分の老後の生活に至るまで，企業からの見返りを期待している存在です[9]．また，地域社会は製品を販売する市場となり，労働力の供給元となり，その他のさまざまな経営環境を提供します．それ

8　ビーチャム，ボウイ『企業倫理学1』晃洋書房，2005, p.106.

9　ビーチャム，ボウイ『企業倫理学1』p.107.

に対して，企業は地方自治体に納税し，市民を雇用して，そしてもちろん経営によって提供するサービスを通じて，さまざまな形で地域社会の発展に貢献します．そのため，企業と地域社会は利害を共有しながら共存することになります．

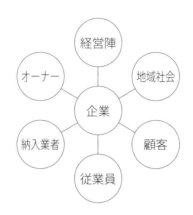

図 4-4　企業のステイクホルダー
ビーチャム，ボウイ『企業倫理学 1』p. 107, 図 1.

図 4-4 であげたステイクホルダーは，あくまで狭義のステイクホルダーです．これらのステイクホルダーはあらゆる種類の企業経営において関係してくる一般的なものであり，必ず考慮する必要があります．これに対して，企業の事業内容に応じていろいろと考慮すべき対象や優先度が異なってくる**広義のステイクホルダー**もあげられます．例えば，航空産業を例にすると，航空機はさまざまな地域や国に路線を拡大していくことになりますので，利害関係を持つステイクホルダーは地域社会といっても事業所在地に限らずさまざまな地域に拡大されます．空港建設や航空貨物などを考えると，物流の問題として国家の経済政策とも密接に関係してくるでしょう．ジェット燃料やその排出ガスなどは地球環境の問題として世界的な問題になります．ステイクホルダーを幅広く考えることは，配慮の行き届いた問題解決や，企業経営の長期的な評価にとって必要不可欠です．仕事でより良い判断をしていくためのヒントにもなりますので，ぜひ普段から社会のことに関心を持っていろいろと調べ，自分の仕事との関係についても考察を深めておいてください．

4 章　企業経営の価値観と倫理

4.4.2　企業の社会的責任（CSR）の階層性

コンプライアンスを社会の側から評価すると，各企業には**企業の社会的責任**（corporate social responsibility: CSR）が求められることになります．企業の社会的責任で求められることは，コンプライアンスで求められる内容とかなりの部分で重なります．しかし，企業の社会的責任については，企業活動の本質である経済活動までしっかり含めて企業経営の社会的側面を体系的・包括的に分析していくところがコンプライアンスとは異なります．

> **重要　企業の社会的責任（CSR）**
>
> 自分たちの利益ばかりを優先するのではなく，社会全体の将来にも責任を持った経営を行うこと．
> 社会的責任の対象としては，公衆の安全・健康・福利はもちろん，環境への配慮や持続可能な発展など，倫理綱領などで公的使命として一般的に表明されているさまざまな価値があげられる．

経営学者のキャロル（Archie B. Carroll）は，企業の持つ社会的責任を4階層のピラミッドとして整理しました．まず，基盤として経済的責任があり，その上に法的責任，倫理的責任が続き，一番上に社会貢献責任があります．経済的責任とそれ以外の三つの責任とのあいだには相反性があり，ステイクホルダーによって利害や関心に差があるため，これら四つの責任を考慮する際の優先度も異なってきます[10]．

10　伊藤浩己「企業の倫理的責任と社会貢献に関する考察―企業はどこまで社会的責任を負うべきか―」『21世紀社会デザイン研究』8, 2009, p. 90.

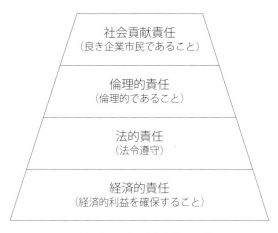

図 4-5　CSR ピラミッド

Carroll, A.B. "The Pyramid of Corporate Social Responsibility: Toward the Moral Management of Organizational Stakeholders," *Business Horizons*, 34(4), 1991, p. 42, fig. 3.

表 4-3　CSR ピラミッドの階層

社会貢献責任	社会貢献として，社会からの期待に応えていく「良き企業市民」として社会からの期待に応えていく発展的活動が求められる．企業が自発的・自律的に自由裁量で取り組むことが前提であり，チャリティー活動や環境保全活動，メセナといわれるような芸術支援活動などもこれに含まれる．
倫理的責任	倫理的責任として，法律や条約では定められていなくても，ステイクホルダーから要求あるいは禁止されている行為や慣習，権利などを尊重しながら経営を進めることが求められる．倫理的責任は，現行法に限らず，望ましいと考えられ，将来的に導入が期待されるような各種の基準に対応していくことを求める．倫理的責任は，法律で定められている以上の社会規範に応えようとするものであり，経済的責任，法的責任の上位にある．
法的責任	法的責任として，事業を展開する国や地域で定められた法律や国際条約などを遵守しながら経営を進めることが求められる．そのため，これによって企業活動が制限されたり，定義づけられたりする．経済的責任は法律の枠内で利益を生み出していくことが前提になるため，法的責任は経済的責任と密接に関連しながらその上位にある．
経済的責任	企業は製品やサービスを経済市場に供給し，その需要を満たすことで利益を得ている．この一連の活動から生じる利益の獲得が企業存続の前提となる．経済的責任は，効率性と競争性を重視し，作業効率を高め，少ない投資でより多くの利益を追求し，激しい競争に生き残っていくことを求める．経済的責任は，企業の社会活動に最低限必要なものであり，CSR ピラミッドの基礎に位置づけられる．

このように図式化すると，企業活動では経済的責任が基礎となって，法的責任，倫理的責任，社会貢献責任が考えられることがわかります．組織が存続するためには利益を上げなくてはなりませんし，それが社会貢献を支えることにもなります．

　企業がこのような社会的責任を果たしていく上で，とくに科学技術の専門的な仕事を展開していく上では，科学技術者倫理が必要不可欠になります．企業経営では，効率性と競争性を高めて経済的責任を果たしていくことは重要ですが，多様なステイクホルダーに配慮しながら幅広い長期的な視野で人間性と社会性を高めていくことが企業の社会的責任になります．すなわち，**人々の幸せ**に多面的にしっかり応えていくことが求められます．ここに，技術的な安全管理や品質保証にとどまらない，企業経営における科学技術者倫理の重要性があります．

4章のまとめ

① 企業経営では法令遵守を最低限として,さらにコンプライアンスが求められる.法令遵守とコンプライアンスは,その基本姿勢が大きく異なる.

② 価値共有型企業倫理プログラムは,企業が重視する価値を明確化し,それを共有・実現していくための体系的な制度である.この制度では自律と信頼が重視され,企業全体と従業員それぞれの倫理をうまく相補的に機能させることで,柔軟で発展性のある職場づくりが目指される.

③ 企業経営において,効率性と競争性は重要であるが,人間性と社会性も高めていく必要がある.このことが企業の社会的意義を高め,経営基盤を確かなものとする.

④ ステイクホルダーには狭義のステイクホルダーと広義のステイクホルダーがある.配慮の行き届いた問題解決や,企業経営の長期的な評価にとって,広義のステイクホルダーをしっかり考慮することが重要である.

⑤ 企業の社会的責任(CSR)は,経済的責任を基礎として,法的責任,倫理的責任,社会貢献責任の4階層で整理できる.企業経営にとって経済的責任に応えることは必要不可欠だが,経済的利益にとどまらず,人間性と社会性を高めていくような企業活動が求められる.

研究開発の倫理

　研究不正行為への対策は科学技術研究の大きな社会的課題になっています．きちんとした方法で研究開発を進めることは，科学技術で重視されるべき価値を守り，専門知識の信頼性を高めるために必要不可欠です．そのため，科学者・技術者にとっては自分たちの専門家としての社会的地位を確保するために最低限必要なものです．本章では，研究倫理として求められている規範を確認するとともに，大学などの研究環境の変化に注目しながら，近年とくに研究不正が問題視されるようになってきた社会的背景を学びます．なお，本章では技術者倫理という観点から研究開発の倫理についても扱います．

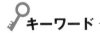キーワード

捏造・改ざん・盗用（FFP），科学的方法，競争的環境，イノベーション，共同研究，査読，デュアルユース

5.1 研究倫理についての基本理解

　研究倫理には，科学的方法の共通規範に関する**研究公正**（research integrity）の問題と，それぞれの研究テーマの本質に関する専門的・個別的な倫理問題があります．後者には，例えば人工知能の開発をめぐる倫理問題があります．その多くは社会にとって極めて重要な問題ですが，研究テーマによって問題が異なり，内容も専門的に高度で幅広い検討が必要になります．そのため，本書では基本的に扱いませんので，それを専門とする書籍や講義を通じて理解を深めてください．それに対して，前者は科学技術の研究方法に対して一般的に求められるものであり，科学技術の専門家であれば最低限それを理解して身につけておかなければいけません．研究公正で問題となる代表的な行為としては，**特定不正行為（FFP）**と**好ましくない研究行為（QRP）**があります．

5.1.1　特定不正行為（FFP）と好ましくない研究行為（QRP）

　科学技術に限らず，あらゆる研究者が絶対に避けなければいけない行為として，とくに三つの特定不正行為があげられます．これらの行為はそれぞれの頭文字から，世界的にFFPと呼ばれています．

　これらの行為は，研究者に限らず，知識を扱うすべての人が行ってはならないことです．特定不正行為（FFP）については，いつ誰から質問されても，自分の言葉で説明できるようになっておいてください．

　なお，**捏造**は存在しない事実をでっち上げることですので，本人にもその意図の不正が自覚できていると思われます．その一方で，**改ざん**は，事実関係の修正や，その表現方法の改善がエスカレートすることで生じる危険性があります．そのため，1章で考察したように，科学技術で重視されるべきことを十分に意識して，根拠となる事実の取り扱いにはつねに注意する必要

重要　表 5-1　特定不正行為（FFP）

① 捏造(ねつぞう)（fabrication）
存在しないデータ，研究結果等を作成すること．

② 改ざん（falsification）
研究資料・機器・過程を変更する操作を行い，データ，研究活動によって得られた結果等を真正でないものに加工すること．

③ 盗用（plagiarism）
他の研究者のアイデア，分析・解析方法，データ，研究結果，論文又は用語を当該研究者の了解又は適切な表示なく流用すること．

文部科学省「研究活動における不正行為への対応等に関するガイドライン」2014, p.10.

があります．例えば，不都合なデータの数値そのものを都合よく変えることは，不正行為であると自覚しやすいでしょう．しかし，不都合なデータを省くことはどうでしょうか．実験が失敗した可能性もあることから，その延長として処理したくなる誘惑もあるでしょう．また，自分にとって不都合な実験データが出た場合に，その研究結果そのものを発表せずに秘匿してしまうことも，社会の判断を誤らせるため倫理問題になります．研究発表は，すべての面において誠実に行われなければいけません．

　また，この特定不正行為の中で，**盗用（剽窃(ひょうせつ)）** は捏造と改ざんとは質的に異なります．それによって何が盗まれ，そしてそれが盗まれたら社会的にどのような弊害が生じるのか，ぜひ自分で考えてみてください．

　このように特定不正行為はエスカレートすることでも生じるため，それを引き起こしやすい，**好ましくない研究行為（questionable research practice: QRP）** があげられます．これは，表 5-2 のようにまとめられます．また，研究計画の立案や研究費の申請にあたって問題となる QRP もあります．これらの行為が具体的にどのような結果を引き起こしやすいか，各自で考え

てみてください．このQRPの項目内容の不適切さも，自分の言葉で説明できるようになっておいてください．

表 5-2　好ましくない研究行為（QRP）

好ましくない研究行為とは，研究活動の伝統的な価値を侵害する行為で，研究プロセスに有害な影響を与えるものです．それらの行為は研究プロセスの誠実さへの信頼を損ない，科学のさまざまな伝統的慣習を脅かし，研究成果に影響を与え，時間・資源を浪費し，若い科学者たちの教育を弱体化させる可能性があります．

① 重要な研究データを，一定期間，保管しないこと
② 研究記録の不適切な管理
③ 論文著者の記載における問題
④ 研究試料・研究データの提供拒絶
⑤ 研究成果の意義を過大視させるような不適切な統計等の利用
⑥ 不十分な研究指導，学生の搾取
⑦ 研究成果の不誠実な発表（特にメディアに対して）

研究計画段階でのQRP
① 期待される研究成果とそのインパクトを不当に誇張する
② 過度なバイアス（先入観）を持って研究テーマや研究手法などを提案する
③ 申請者や関係者が持つ利益相反を明らかにしない

日本学術振興会「科学の健全な発展のために―誠実な科学者の心得―」2015, pp. 53-54.

5.1.2　研究倫理対策として大学に求められている取り組み

　日本では，研究者個人に倫理的行動が求められるだけでなく，所属組織である大学や研究所と，そこに研究費を配分する文部科学省などの行政機関に対しても，それぞれ研究不正への対策が求められ，そのガイドラインが定められています．その中で，とくに不正行為の事前防止のための取り組みと，それが起こった場合の対応について，大学に求められていることを表5-3に抜粋します．

表 5-3　大学に求められている研究倫理対策

研究倫理教育の実施による研究者倫理の向上

① 「研究倫理教育責任者」の設置などの必要な体制整備を図り，広く研究活動に関わる者を対象に定期的に研究倫理教育を実施すること
② 学生の研究者倫理に関する規範意識を徹底していくため，各大学の教育研究上の目的及び専攻分野の特性に応じて，学生に対する研究倫理教育の実施を推進すること

一定期間の研究データの保存・開示

① 研究者に対して一定期間研究データを保存し，必要な場合に開示することを義務付ける規程を整備し，その適切かつ実効的な運用を行うこと

規程・体制の整備及び公表

特定不正行為の疑惑が生じたときの調査手続や方法等に関する規程等を適切に整備し，これを公表すること．その際，

① 研究活動における不正行為に対応するための責任者を明確にし責任者の役割や責任の範囲を定めること
② 告発者を含む関係者の秘密保持の徹底や告発後の具体的な手続を明確にすること
③ 特定不正行為の疑惑が生じた事案について本調査の実施の決定その他の報告を当該事案に係る配分機関等及び文部科学省に行うよう規定すること
④ 特定不正行為の疑惑に関し公表する調査結果の内容（項目等）を定めること
⑤ 「研究倫理教育責任者」の設置などの必要な体制整備を図り，広く研究活動に関わる者を対象に定期的に研究倫理教育を実施すること

文部科学省「研究活動における不正行為への対応等に関するガイドライン」pp. 8-11.

Column　研究公正についての国際的な取り組み

研究倫理についての世界共通のガイドラインとしては「研究公正に関するシンガポール宣言」があります．このウェブページ <http://www.singaporestatement.org> には日本語訳も掲載されていますので，ぜひ目を通しておいてください．

5.2 科学史における捏造と改ざん

ガリレオ[1]やニュートン[2]など歴史的に著名な科学者も，自説の正しさを主張するために特定不正行為を行ったという指摘があります[3]．ガリレオは，主著『新科学対話』で，斜面での落下距離が時間の二乗に比例することを「100回は繰り返した実験」によって見出したと書いています．しかし，当時はその法則性を正確に検証できるような再現実験は困難で，ガリレオも十分な実験を行っていませんでした．すなわち，ガリレオは実験結果を捏造したと言うことができます．また，ニュートンは主著『プリンキピア』で，音速や春分点の歳差運動などの測定結果を自説に合うように当時としては過剰な精度で記しています．すなわち，ニュートンは研究データを改ざんしたと言うことができます．

これらの事実を私たちはどのように理解すればよいでしょうか．不正行為であったにせよ，その研究で得られた知識の重要性は誰も否定しないでしょうし，彼等の研究そのものも否定されるわけではないでしょう．それでは，科学では結局のところ新しい理論や事実の発見という結果が重要ということになるのでしょうか．そして，優れた結果が得られたのであれば，その過程での多少の研究不正行為は許容されるべきなのでしょうか．

功利主義の立場からすると，このように理解したくなるかもしれません．ただ，そもそも当時は，いまだ科学的方法が社会的に十分に確立していない時代でした．そのため，彼らの行為は，科学研究の方法についての歴史的な発展段階として理解すべきでしょう．古代のアリストテレス以来，自然現象の法則性は人々の日常経験に訴えることで説明されてきました．ガリレオもその伝統にならって，自然哲学として思考実験を重ねながら，それを実際にあった具体的な経験のように語ることで，読者に理解しやすいように説明したと考えられます[4]．人々の経験は個別的なので，それを一般的な知識として社会に認めさせる方法を開拓することが当時の課題でした．そして，方法の試行錯誤が

---

1 ガリレオ (Galileo Galilei, 1564-1642)『天文対話』(1632) でコペルニクスの地動説を擁護する宇宙論を展開し，『新科学対話』(1638) ではアリストテレス以来の学説を批判する運動論を展開した．その他，当時の先端技術であった望遠鏡を用いて月面の凹凸や木星の衛星などを発見し，当時の自然観を刷新する研究を進めた．このことから「近代科学の父」とも呼ばれる．

2 ニュートン (Isaac Newton, 1642-1727)『プリンキピア（自然哲学の数学的諸原理）』(1687) で万有引力の法則や流率法（微分法）を導入し，天体の運動と地上の運動を統一的に説明した．また，『光学』(1704) では光や色について論じるとともに，自然現象に対する数々の「疑問」を提示し，その後の実験科学に大きな影響を与えた．万有引力の法則は距離を隔てた2点間で作用する力を記述するものであり，それに対してオカルト的という批判もあった．しかし，ニュートンはその原因を説明することを避け，「私は仮説を捏造しない」という有名な言葉を残した．

3 ブロード，ウェイド『背信の科学者たち』講談社，2014．コーン『科学の罠』工作舎，1990．

4 ディア『知識と経験の革命』みすず書房，2012．

積み重ねられて，数学による論理性や実験による実証性・客観性が，科学的方法の一般的な特徴として普及していきました．

こうして現在，特定不正行為を避けることは，研究者が絶対に守らなければならない社会規範になりました．科学的方法が歴史的に確立されてきたものであるからこそ，私たちも不断の努力でそれを継承し，必要に応じて改善していくことが求められます．

5.3　研究不正の社会的な背景

　科学的方法は歴史的に発展してきたものであり，現代では研究公正として明確化されています．しかし，それにもかかわらず研究不正行為は後を絶ちません．このような状態を放置すると社会的な損失が大きいため，近年では科学者・技術者の自律的な管理だけには委ねられないとして，さまざまな組織的対策が進められています．この節では，そのように研究不正対策が社会的により強く求められるようになっている社会的背景を，大学などの研究環境の変化に注目しながら学びます．

5.3.1　科学技術の高度化・専門分化・複雑化

　2.2.1 でも解説したように，現代になって科学技術はますます高度化し，専門分化しています．研究開発に用いる実験機器や製造機器は高度化・複雑化・自動化し，研究データの分析・処理・管理や，論文やスライド資料の作成などはコンピューターなどの情報処理技術に依存しています．こうなると共同研究が一般的になり，国際的・学際的な研究分担も増加し，一人の研究者が原理までしっかりと把握して，責任を持って管理できる範囲は，全体の中でますます限定的になっていきます．

　全体を把握できないまま研究に取り組むと，その個別の研究についての理解も十分に深められません．研究のための研究になり，自己目的化した視野の狭い研究になりかねません．このような状態では，研究活動がさまざまな別の社会的・私的価値観に影響されやすくなります．さらに，科学技術で重視されるべきことについての理解も欠いた状態になると，そもそもの基準が怪しいため，自分の行為が研究不正に該当するのかどうかの判断も怪しくなります．

5.3.2　科学技術をめぐる価値観と体制の変化

このような科学技術の進展，およびそれを反映した社会的な体制の変化によって，科学研究の伝統的な価値観と実際の傾向のあいだに乖離(かいり)が生じ，それが研究不正行為を引き起こす要因の一つとなっています．これら伝統的な価値観と実際の傾向は，それぞれの特徴を表す英単語の頭文字からCUDOSとPLACEとも呼ばれています．

表 5-4　科学の伝統的な価値観と実際の傾向

伝統的な価値観（CUDOS）	実際の傾向（PLACE）
• 共同体的・公有的（communalism） • 普遍的（universalism） • 公平無私的（disinterestedness） • 独創的（originality） • 懐疑的（skepticism）	• 所有財産的（proprietary） • 地域的・局所的（local） • 権威主義的（authoritarian） • 委託的・請負的（commissioned） • 専門的（expert）

ザイマン『縛られたプロメテウス―動的定常状態における科学―』シュプリンガー・フェアラーク東京，1995, pp. 226-232．（一部改変）

このような傾向は，科学技術が産業と結びつき，経済政策として重視され，それに合わせて研究者の雇用と研究費への競争的環境が高まる中で，顕著になっています．産学連携や研究活動への市場原理[5]の拡大とともに，科学技術の研究活動や研究テーマそのものにもさまざまな形で経済的・商業的価値観が広がっています．研究が知的財産として商業化されると，秘密保持が重視されることになり，科学研究の伝統的な価値観である公有性ともジレンマを引き起こします．

このことは，科学研究のあり方そのものも変化させています．よく指摘されることは，従来の学問型（モード1）の研究に対して実用志向（モード2）の研究が拡大してきていることです．

5　商品の価値判断（価格決定）を政府などが操作せずに，あくまで市場の自由な交換と競争に委ねること．理念的には，誰かの特定の意図や利害で判断が偏ることがないため，社会の需要と供給のバランスを最も効率よく反映した価値判断がなされると考えられる．技術者倫理でしばしば問題となる談合・カルテルは，この自由競争を阻害することから独占禁止法で規制されている．

表 5-5　科学研究のあり方（モード）

学問型（モード 1）	実用志向（モード 2）
伝統的な科学の概念，方法，価値，規範のもとで進められる研究であり，既存の学問分野を基本とし，階層的であり，基礎と応用とを区別する．安定した専門家集団によって品質管理がなされる．	社会的利用のために学際的に進められる研究であり，その体制は目的と対象に合わせて一時的・非階層的で多様である．市場での商品化や，社会的アカウンタビリティ（説明責任）が重視され，状況に依存し，その場に応じた実践家たちによって，役に立つという観点からの品質管理がなされる．

ギボンズ『現代社会と知の創造—モード論とは何か—』丸善，1997．
（表は筆者によるまとめ）

　6 章で詳しく解説しますが，このことが企業利益との利益相反や，特許などに由来する秘密主義，短期的視野の研究開発への学生の動員といった問題を生み出しています．また，大学院で博士号を取得してポスドク研究者[6]になっても，競争的環境の中で任期付研究者として短期間に多数の業績を上げることが求められます．とくに，学生の体系的で十分な教育機会や，若手研究者の余裕のある研究時間が失われていくことは，本人たちにとってだけでなく社会全体にとっても，将来の科学技術の維持・発展を困難にしていくため，大きな懸念事項になります．成果主義・競争主義が教育環境や雇用環境に広がる中で，科学研究のテーマやその方法への理解が表面的なままであると，成績や業績ばかりを重視して研究不正に手を染めやすくなります．

5.3.3　科学技術研究と経済的な価値観

　このような科学技術をとりまく状況の変化は，国家・企業の財政が厳しく縮減され，経済的な利益が求められる中で促進されてきました．企業が経済的利益を重視することは当然でしょうが（4.3 で学んだように，そこにも大きな問題は潜んでいます），国家でどこまで経済政策が優先されるべきかという問題があります．1 章で考察したように，国家の利益とは何か，さらには

[6] ポスドクとはポスト・ドクターの略語である．ポスドク研究者とは博士課程の修了後に数年の任期付きで雇用される研究者のこと．

人類の利益とは何か，幅広い視野で長期的に考えなければ，短期的に良いと判断したことが長期的には悪い結果をもたらしかねません．

　この問題を**イノベーション**という観点から考えてみましょう．欧米先進国で1980年代から知的職業による知識サービスを重視する経済政策が進み，国際競争力を強化するためにイノベーション重視の政策が展開されました．このことが，3章末のコラムで解説した，1990年代のグローバルな技術者制度改革にも結びつきます．そして，日本においては，2000年代の半ばからイノベーションの創出がさまざまな政策の中心に位置づけられるようになりました．

イノベーション

まったく新しい技術や考え方を取り入れて新たな価値を生み出し，社会的に大きな変化を起こすこと．
イノベーションは，経済に正の外部性を持つため，景気の上昇局面を作り出すことが期待される．

　イノベーションとは，そもそも技術・工学分野ではなく経済・経営分野の概念であり，資本主義や起業家精神と密接に関係しています．この概念を提唱した経済学者のシュンペーター（Joseph A. Schumpeter）は，これを生産様式の「**新結合**」と表現して，科学的に新しい発見に基づく必要はないと述べています[7]．すなわち，イノベーションで本質的に求められるのは，科学技術の新しい理論ではなく，社会の新しい価値観であり，その新しい結合を生み出す社会的なアイデアになります．それによって新しい市場が形成され，大きな経済的利益も期待できます．逆に，一つの技術がどれだけ斬新で優れていても，社会がそれを理解し，古いものを捨てて新しいものを選択しなければ，社会的に大きな変化は生まれません．新しい萌芽的な技術は，他の既存技術との互換性が乏しく，システム全体として性能を引き下げることにもなるため，社会のニーズをなかなか満たせません．そのため，社会的・経営的なアイデアが必要になって

[7] シュムペーター『経済発展の理論』岩波書店, 1977, pp.180-185.

きます．しかし，日本ではイノベーションが「技術革新」と翻訳されて普及したこともあり，この社会的な側面への理解が十分に進んできませんでした．

　こうして，市場原理やモード２研究の拡大をイノベーション重視の経済的な価値観が支えることで，社会からもその有用性がわかりやすく，短期的に一定の成果が期待される研究への助成が進むようになります．そうすると，本質的であっても長い時間を要し，成果を保証しにくい研究テーマよりも，表面的であっても短期間で成果が出やすく，社会にも宣伝しやすい研究テーマが選ばれがちになります．そもそも，後者の研究を進めようとする人たちが研究者として雇用され，活動を展開していくので，このような状況に対する批判もあまり真剣に考慮されなくなっていきます．このような研究環境では，学問としての体系性や方法の確かさよりも新しい発想ばかりが重視される傾向が強まり，学問としての体系的な基盤が弱体化して，極端な場合には科学的方法がないがしろにされて研究不正行為の土壌となります．

　科学と社会の関係についての理解や分析が不十分なままイノベーションが重視されると，研究がアイデア勝負の工夫や発明ばかりになりかねません．技術開発も重要ですが，そればかりだと学術研究がないがしろになってしまいます．技術開発は，本来ならば個々の企業が担ってきたことです．研究が社会の役に立つということは重要なことですが，それを長期的に持続させていくためには研究環境はどうあるべきか，社会的に十分注意して判断していく必要があります．

5.4 さまざまな研究不正への社会的対策と指針

　研究環境が変化して，科学技術研究のあり方そのものが変化していく中で，その管理にもさまざまな注意が必要になってきています．まず，専門家のあいだだけでなく社会に対する説明責任も，より強く求められるようになります．社会に対して責任ある研究には，正直さ，正確さ，効率性，客観性などが求められます．ここには科学研究の方法そのものの確かさだけでなく，公的研究費を浪費しないことも含まれます．

表 5-6　責任ある研究
(responsible conduct of research : RCR)

- 正直さ（honesty）：正直に情報を伝え，責任を持って行う
- 正確さ（accuracy）：正確に知見を報告し，誤りを避けるよう注意する
- 効率性（efficiency）：資源をうまく利用し，浪費を避ける
- 客観性（objectivity）：事実に語らせ，誤った先入観を避ける

発表で必ず記述すべきこと
① 方法：十分かつ公平な記述（何をしたのか）
② 結果：正確な報告（何を見いだしたのか）
③ 考察：誠実かつ公平な評価
　　　　（結果から何を導こうとしているのか）

ステネック『ORI 研究倫理入門―責任ある研究者になるために―』丸善, 2005, pp. 3, 125.
日本学術振興会「科学の健全な発展のために」p. 65.

　科学研究には必ず客観的な実証性が求められます．そのためには，反証可能な主張を展開することはもちろん，それを正確に報告し，自分の主張の根拠となる研究データや資料をきちんと整理・保存して，必要に応じて開示しなければいけません．その記録をもとに他の研究者が再現実験や資料の確認・追加調査を行い，主張と根拠を客観的に検証できる形式になっていなければ，その研究は科学的とは認められません．

研究資料の保存と管理についての指針は，保存を義務づける対象，保存期間，保存方法などの観点から次の表 5-7 のようにまとめることができます．

表 5-7　研究資料等の保存に関するガイドライン

① 実験・観察をはじめとする研究活動においては，その過程を**実験ノート**などの形で記録に残すことが強く推奨される．実験ノートには，実験等の操作のログやデータ取得の条件等を，後日の利用・検証に役立つよう十分な情報を記載し，かつ事後の改変を許さない形で作成しなければならない．実験ノートは研究活動の一次情報記録として適切に保管しなければならない．

② 論文や報告等，研究成果発表のもととなった**研究資料（文書，数値データ，画像など）**は，後日の利用・検証に堪えるよう適正な形で保存しなければならない．
保存に際しては，後日の利用／参照が可能となるようにメタデータの整備や検索可能性／追跡可能性の担保に留意すべきである．

③ **資料（文書，数値データ，画像など）の保存期間**は，原則として，当該論文等の発表後**10 年間**とする．電子化データについては，メタデータの整理・管理と適切なバックアップの作成により再利用可能な形で保存する．なお，紙媒体の資料等についても少なくとも 10 年の保存が望ましいが，保管スペースの制約など止むを得ない事情がある場合には，合理的な範囲で廃棄することも可能とする．

④ **試料（実験試料，標本）や装置など「もの」**については，当該論文等の発表後 **5 年間**保存することを原則とする．ただし，保存・保管が本質的に困難なもの（例：不安定物質，実験自体で消費されてしまう試料）や，保存に多大なコストがかかるもの（例：生物系試料）についてはこの限りではない．

⑤ 研究室主宰者は自らのグループの研究者の転出や退職に際して，当該研究者の研究活動に関わる資料のうち保存すべきものについて，(a) **バックアップ**をとって保管する，ないしは，(b) 所在を確認し**追跡可能**としておく，などの措置を講ずる．研究室主宰者の転出や移動に際して，研究機関の長はこれに準じた措置を講ずる．なお，研究資料の保存に関するこれらの措置を円滑に進めるために，各研究機関においてはガイドラインを定め，研究者の採用時に覚書を交わすなどの仕組みも考えられる．

⑥ 個人データ等，その扱いに法的規制があるものや倫理上の配慮を必要とするものについては，それらの**規制やガイドライン**に従う．また，特定の研究プロジェクトに関して成果物の取扱いについて資金提供機関との取り決め等がある場合にはそれに従う．

日本学術会議「科学研究における健全性の向上について」2015，pp. 7-8．（強調は筆者）

また，共同研究が一般的になることで，そこで扱われる情報の管理や責任の所在も複雑になります．共同研究では，研究代表者を定め，管理責任の所在や権利関係を明確にし，意図がなくても結果的に研究不正が生じないように努めなければいけません（表 5-8）．

表 5-8　共同研究で配慮すべきこと

① 研究グループの代表責任者（Principal Investigator, PI）を決めること
② コミュニケーションをよくし，風通しのよい組織とすること
③ 役割分担と責任を明確にし，メンバー間で相互に理解しておくこと
④ 研究目標の明確化
⑤ 法令や指針等の理解
⑥ 研究記録のとり方，データの保存，利用方法，帰属等の確認
⑦ 知的財産権の申請や帰属についての合意
⑧ 成果発表のルールとオーサーシップへの合意
⑨ 研究上の不正行為への対策

日本学術振興会「科学の健全な発展のために」pp. 77-79.（一部改変）

　研究者の権利に関して，**知的財産（著作権）**は，アイデアがあるだけでは法的に保証されず，それが表現されていることが必要条件となります．すなわち，論文などで発表されていることが必要です．だからこそ，論文などの著作物ではその研究への貢献者を貢献度に応じて適切に記載することが求められます．その研究に貢献した研究者を明記することを**クレジット**（credit）といいます．クレジットには，その研究を実質的に進めた著者として明記する**オーサーシップ**（authorship），それ以外に貢献した関係者を明記する**謝辞**（acknowledgement），さらに関係者以外については**引用文献として出典を明記すること**があります．
　著者とするには，その研究活動に実際に重要な貢献を果たし，かつ発表原稿を具体的に校閲・確認し，第三者にきちんと発表の内容を説明できることなどが要件になります．その要件を満たさない場合には，謝辞への掲載にとどめなければいけません．

表 5-9　オーサーシップの要件

① 研究の企画・構想，若しくは調査・実験の遂行に本質的な貢献，又は実験・観測データの取得や解析，又は理論的解釈やモデル構築など，当該研究に対する実質的な寄与をなしていること

② 論文の草稿を執筆したり，論文の重要な箇所に関する意見を表明して論文の完成に寄与していること

③ 論文の最終版を承認し，論文の内容について説明できること

日本学術会議「科学研究における健全性の向上について」p. 2.

　著者はその発表の内容全体に責任を持ちます．研究室の代表者（大学教授など），研究費の獲得者，あるいは部分的に助言を行っただけの人は，著者の要件を満たしません．そのような人を著者として記載することを**ギフト・オーサーシップ**と言います．論文の内容への責任の所在をあいまいにしないためにも，そして権威主義によって本来の著者の権利が不当に損なわれないようにするためにも，ギフト・オーサーシップは避けなければいけません．逆に，実際には責任や権利があるにもかかわらず，著者として記載しない**ゴースト・オーサーシップ**も避けなければいけません．この行為は，研究室で弱い立場にある学生の搾取や，利益相反の隠蔽としても行われがちです．研究不正を予防するためにも，著者の責任関係は確実に管理・明記する必要があります．

　また，研究資金の運用面については，組織でも対策が進められています．公的研究費の不正使用について，日本の大学には表 5-10 のような対策が求められています．

　このように，日本では研究不正行為に対する社会的・組織的な制度が整えられてきました．しかし，研究不正は根深く続けられているようで，管理体制の強化や情報技術の発展と普及も影響しているのでしょうが，新たな事件の報告はなくなりません．研究不正行為が繰り返されると，科学技術への社会的な信頼はどんどん損なわれていきます．

**表 5-10　研究機関における公的研究費の管理・監査の
ガイドライン（主な取り組み）**

- 公的研究費に関わる全ての科学者に分かりやすいようにルールを明確に定め，周知する．
- 公的研究費に関わる全ての科学者を対象にコンプライアンス教育（機関の不正対策に関する方針及びルール等の周知を含む）を実施し，受講状況や理解度を把握する．
- コンプライアンス教育の内容を遵守する義務があることを科学者に理解してもらうと共に，意識の浸透を図るため，誓約書等の提出を求める．
- 機関内外からの告発等（機関内外からの不正の疑いの指摘，本人からの申出など）を受け付ける窓口を設置する．
- 研究機関において公的研究費の不正な使用が認定された場合は，不正に関与した科学者の氏名，所属，不正の内容等を公表する．
- 取引業者との癒着を防ぐため，研究機関は，規則等を遵守し，不正に関与しないこと，科学者から不正な行為の依頼等があった場合には通報することなどの事項を含めた誓約書の提出を求める．
- 研究機関は，公的研究費の不正な使用の発生の可能性を最小にすることを目指し，抜き打ちなどを含めたリスクアプローチ監査を実施する．

公的研究費の不正使用に対する措置
- 不正な使用に係る公的研究費の返還
- 競争的資金制度における応募資格の制限（一定期間の停止）
    - ▶ 研究を補助していた人の不正使用でも管理責任（善管注意義務）が問われる
- 研究機関内における懲戒処分
    - ▶ 刑事告発（詐欺罪など）もありうる

文部科学省「研究機関における公的研究費の管理・監査のガイドライン（実施基準）」2014 改正．
日本学術振興会「科学の健全な発展のために」pp. 86-92．（筆者による抜粋要約）

　その一方で，そのような事態を制度的に管理・防止しようとすると，そのために新たな費用と労力が必要になり，研究者の疲弊や委縮を招きやすくなります．5.2 でガリレオやニュートンの事例から歴史的に説明したように，本質的に新しい成果は本質的に新しい方法から生まれてくる可能性が高いことも想像できます．管理体制の強化が自由で自律的な研究の阻害につながると，本来なら期待できたかもしれない本質的で革新的な研究成果が実現しにくくなることが懸念されます．そのようなことにならないためにも，研究不正行為への対策は相互の信頼に基づいて自由と自律を尊重して行われる必要があります．

> **Column** 研究不正対策と学問の自由，思想の自由
>
> 　日本国憲法第23条では「学問の自由は，これを保障する」と定められています．また，憲法第19条では「思想及び良心の自由は，これを侵してはならない」とも定められています．研究不正への管理が過度に強められると，研究者の疲弊を招いたり，本質的に新しい研究の可能性を阻害したりするだけでなく，そもそもこれらの憲法の条文に抵触する可能性もあります．

5.5 専門家の自律と社会的信頼

科学的に新しい理論や事実の発見は、それが正しいことを人々が信頼してはじめて社会的な知識として認められます。ただし、その専門家以外の人々は実際にそれを検証しないことがほとんどで、基本的には専門家への信頼を前提として社会的に判断されます。さまざまな問題への科学的なリスク評価や対策では、一般市民は何らかの形で専門家を信頼せざるをえません。研究倫理を考えていくと、科学的な知識や方法がどのように社会的に共有され、それはどのような制度によって維持され、そして維持されるべきなのかという問題にたどり着きます。前節の最後で説明したように、研究活動では自由と自律が尊重される必要があります。そのため、研究不正対策も、最終的には研究者の自律的な対策こそが重要になります。

> **質問5** 研究者の自律が阻害されるような研究不正対策が講じられた場合に、研究環境はどのようなものになるでしょうか。エシックス・テスト（表2-8参照）を用いて考えてみてください。

5.5.1 査読制度

研究者が自分たちの専門知識の質保証を自律的に行うために、論文等が発表される前に同じ分野の専門家がその内容を**査読（ピアレビュー）**して発表の可否を判断することが世界共通の制度となっています。

査読（ピアレビュー）制度

同じ分野の専門家（peer）が審査（review）することであり、研究論文の学術誌への掲載や研究助成金の採択、科学者の採用や昇進、大学・研究機関の評価など、科学研究に関わるあらゆる場面で評価の中核になるもの

日本学術振興会「科学の健全な発展のために」p.97.（一部改変）

科学研究の内容は専門的に高度で，しかも必ずオリジナルで新しいはずですので，専門外の人の審査では質保証が困難です．そのため同じ分野の専門家が互いに公表内容を事前審査して，その内容の質保証をする査読制度が実施されています．査読を経た論文は社会的に一定の信頼が与えられ，業績としても評価されます．

　もっとも，査読者も通常，その研究の再現実験や資料の再検証までは行いませんし，負担が大きすぎて行えません．記述されている情報には不正による虚偽がないことを前提として，査読者の専門知識の範囲での確認が行われます．また，査読はごく一部の人によって匿名で行われますが，著者と査読者は専門が近いほど競争関係にありますし，何らかの利益相反が生じている可能性もあります．あくまで著者と査読者の双方の研究公正を信頼することで，この査読制度は成立しています．もし査読者に利益相反がある場合には，それを開示して，査読者となることの可否の判断を学会等に委ねなければいけません．

　さらに，特定不正行為（FFP）とは別に，業績の水増しと査読者への不要な負担になることから，**多重発表（二重投稿）**や**分割発表（サラミ論文）**も避けなければいけません．分割発表（サラミ論文）とは，本来なら1本の論文として発表すべき程度の内容にまとまった研究成果を，業績数を増やすことを意図していくつかに分割して発表することです．

表 5-11　二重投稿の禁止

二重投稿とは，印刷物あるいは電子媒体を問わず，既に出版された，ないしは，他の学術誌に投稿中の論文と本質的に同一の内容の原稿をオリジナル論文として投稿する行為

- 不必要な査読により他の研究者の時間を無駄にする
- 業績の水増しである
- 特定の考えを示す論文を多く見せることによるミスリードをもたらす

日本学術会議「科学研究における健全性の向上について」p. 3.

5.5.2 科学研究の利用の両義性（デュアルユース）

研究開発に関する重要な倫理問題としてデュアルユース（dual-use）技術の問題があげられます.

> **デュアルユース技術（科学研究の利用の両義性）**
> 軍事転用の恐れがあるために管理の対象とされる民生技術のこと.

これらの技術は，国際的には「**通常兵器及び関連汎用品・技術の輸出管理に関するワッセナー・アレンジメント**」で管理されています[8]. ワッセナー・アレンジメントは1996年に発足した軍事技術の不拡散のための国際協定です. それまでの対共産圏輸出統制委員会（COCOM：ココム）が冷戦構造の崩壊にともない1994年に解散したため，それに代わる協定として発足しました. そして，通常兵器だけでなく兵器の性能向上のために軍事転用される恐れの大きい材料やエレクトロニクス分野などの高度な民生技術が，デュアルユース技術（関連汎用品・技術）として管理の対象となりました. 日本では，デュアルユース技術はこの国際協定も反映した**外国為替及び外国貿易法（外為法）**によって管理されています.

デュアルユースとは武器貿易を管理するための概念です. そのため，その対象はとくに軍事転用の恐れのある高度な科学技術に限定されていました. その一方で，日本では2014年に武器輸出三原則が**防衛装備移転三原則**へと改定され，**防衛装備庁**が発足して，**安全保障技術研究**が推進されることになりました. この研究制度では，研究テーマは防衛省によって設定されますが，民生分野での活用も期待したデュアルユース技術の研究として大学などの研究機関に公募されます. これによって，デュアルユースは貿易管理の概念ではなく，日本の防衛装備（軍備）を充実・推進させるための概念として用いられるようになってきました.

軍事技術の民生転用（スピン・オフ）と**民生技術の軍事転用（ス**

[8] ワッセナー・アレンジメントは通常兵器を対象としており，核技術については国際原子力機関（IAEA）で管理されている.

ピン・オン）は歴史的には多様な形で行われ，それが科学技術を発展させてきた経緯もあります．そのため，デュアルユースを科学研究の利用の両義性として一般的に理解すると，その対象は際限なく拡大されます．デュアルユース技術の研究とは，あくまで軍事転用を前提とした研究であるということをきちんと認識しなければいけません．近年では，ロボットや人工知能，サイバー技術など，軍事と民生の区別がつきにくい分野がますます増加しています．ただし，区別がつきにくいからこそ，その可能性を予見できる専門知識を持った研究者・開発者の倫理的責任も大きくなります．

意図と予見によって結果に対する倫理的責任を区別して考察することは**二重結果論**と言われています．専門家は，自分で意図した行為の結果に責任を負うことは当然ですが，意図していなくても予見できる結果には社会的責任が求められます．

意図と予見（二重結果論）

行為の結果には，意図した結果と，意図していないが予見できる結果がある．

例）

- 意図した結果：抑止力になることを意図して大量破壊兵器の開発に参加し，軍事力の均衡によって武力衝突が避けられること．
- 予見できる結果：武力衝突が避けられなかった場合，自分が開発に参加した大量破壊兵器によって民間人に莫大な数の死傷者が出ること．

軍事研究については，まずは，大量殺戮を意図して核兵器などの軍事研究開発に参加することの倫理問題があります．現在，核兵器は抑止力のための兵器と位置づけられていますが，その抑止力が機能しない状態が一度でも生じれば，当然の結果として極めて大きな悲劇が予見されます．これについて，第二次世界大戦後に**科学者の社会的責任**がさまざまな形で問われ，科学者の多くが主体的に平和運動を展開してきました．日本の大学

や日本学術会議でも軍事目的の研究は行わないという基本方針が定められ，**軍学協同**は反対されてきました．

デュアルユース技術の研究では直接的な軍事利用は曖昧にされていますが，間接的な軍事転用への社会的責任が問われます．軍事技術への応用可能性を完全に予見することはもちろん不可能ですし，軍事技術は兵器に限るわけでもありません．ただし，その研究がデュアルユース技術に関するものであるかどうかは，研究資金の提供機関の軍事的性格の有無によって線引き可能です．研究資金の提供機関が軍事的性格を有している場合には，その研究は軍事転用を予見しなければならないデュアルユース技術の研究として，遂行と管理には極めて大きな社会的責任（**全人類的な責任**）が生じます．

兵器への利用が予見されるのであれば，危害テストの観点からすると，その研究開発は倫理的に受け入れられません．しかし，兵器であってもあくまで敵の攻撃から身を守る自衛のためであれば，功利主義の観点からは，倫理的に受け入れられるかもしれません．しかし，それは決して幸福を求める功利主義ではなく，最悪の不幸を少しでも減らすための，極めて不幸な功利主義です．功利主義（費用便益分析）は人権侵害など重大な倫理問題をはらんでいることも忘れてはいけません．

また，軍事技術の開発に近づくほど，その研究内容は機密扱いになり，科学研究の伝統的な価値観は損なわれ，学問の自律性も阻害されます．少なくとも，専門家の社会的責任として求められる軍事転用の可能性を予見するためにも，科学者・技術者には社会的・倫理的な判断能力を継続的に研鑽することが求められます．

5章のまとめ

① 特定不正行為（FFP）については，いつ誰から質問されても，自分の言葉で説明できるようになっておくことが求められる．好ましくない研究行為（QRP）もその不適切さを説明できるようになっておく必要がある．

② 科学研究の方法は歴史的に発展してきた．

③ 科学研究の高度化・専門分化・複雑化や，経済的な価値観を背景とした競争的環境の拡大が科学研究のあり方を変容させ，研究不正行為を助長する要因になっている．

④ 責任ある研究のためには，研究資料の保存と管理，共同研究での情報の共有・管理責任の所在や権利関係の明確化，公的研究費の管理などに十分に注意する必要がある．

⑤ あらゆる科学技術にはデュアルユースの可能性がある．その研究が軍事研究とみなせるかどうかは，その研究費を出している組織の性格で判断できる．軍事研究については公衆の安全・健康・福利が著しく阻害される恐れがあるため，十分に結果を予見して倫理的判断を行うことが専門家の社会的責任として求められる．

6章

利益相反

　社会的判断には価値判断がともないます．2章や4章で解説した通り，社会的立場によって価値判断はいろいろと異なってくるため，多様なステイクホルダーに配慮する必要があります．このように社会的立場は人によって異なりますが，一人の人もさまざまな社会的立場に置かれるため，それぞれの立場から複数の利害を持つことになります．この利害が職務で求められる利害と対立する場合に，利益相反が生じます．とくに科学者・技術者など公益性の求められる仕事では，利益相反が大きな問題となります．本章では，科学者・技術者が直面しやすい利益相反について学びます．

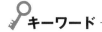 **キーワード**

利益相反，責務相反，兼業，産学連携，大学発ベンチャー

6.1 利益相反の問題点

　利益相反とは利害の対立する複数の社会的立場におかれている状態のことを意味します．例えば，ある会社に所属しながら別の仕事も兼業している場合に，兼業先の利益となるようにその会社の仕事を進めることは利益相反になります．両方の利益になる場合もあるため，兼業が直ちに利益相反になり，不正行為になるわけではありません．しかし，社会的立場は価値判断に影響を及ぼしますので，利害に少しでも対立がある場合には判断の公正さが損なわれるため倫理問題となります．

> **重要**　**利益相反（conflict of interest: COI）**
> 利害の対立する複数の社会的立場におかれている状態．
> 利益相反が懸念される場合には，それを必ず開示しなければならない．

　仕事上の立場に利益相反があっても，それらの利害とは関係なく専門家として公正に判断していれば問題ないと考えるかもしれません．あるいは，その問題について他に適当な専門家がいないため，利益相反のある仕事でも引き受けざるを得ない場合があるかもしれません．

　まず，利益相反とは社会的な状態のことなので，本人の心がけとは無関係に倫理問題になります．利害の有無に関係なく同じ判断をするかもしれませんし，利益相反に関係なく専門家はそのような客観的判断に努めなければいけません．しかし，その人が利害の有無に関係なく同じ判断をしているということはどのように確認できるでしょうか．確認のために他の専門家に検証を依頼するのであれば，その人の専門家としての判断はそもそも不要ということになります．そのため，利益相反のある仕事からはどうしても倫理問題を消し去ることができません．

　そのため，利益相反は可能な限り避けなければいけません．

しかし，利益相反のある仕事を行うことが直ちに不正行為になるわけではありません．適任者がいないために，その仕事を引き受けざるを得ない場合もあるでしょう．不正行為になるのは，**自分に利益相反が生じていることを公開しないこと**です．利益相反を隠して仕事をした場合には，あなたの判断の公正さを社会に誤解させることになります．そのため，利益相反が懸念される場合には，その事実を必ず**開示**しなければいけません．その上で，その仕事を担当可能かどうかの判断を，その仕事を依頼した組織や一般社会の判断に委ねなければいけません．組織に利益相反についての行動規範があれば，それに従って判断する必要があります．

> **ポイント**
>
> 利益相反が社会的に認められるかどうかは，まずは**公開テスト**で評価してください．
>
> 利益相反は直ちに不正行為になるわけではありません．しかし，報道された場合に公正さが問題視され，その判断に対する社会的信頼が得られないようなら，あなたはその仕事を担当すべきではありません．
>
> あなたへの社会的信頼については，**徳テスト**でも評価してみましょう．

利益相反は，信頼に基づく職業や公益性の高い職業において問題とされてきました[1]．医師や法律家などのプロフェッション，公務員，そして信託によって資産運用する銀行家などがその代表としてあげられます．技術者に関しても，とくに**コンサルティング・エンジニア（CE）**に対しては「**あらゆる商業的な利害からの独立（身分の独立中立性）**」が国際的に強く求められてきました．例えば，会社役員になっている技術者が同業他社のコンサルティングをすることは利益相反になります．日本のCE制度は，以前はこのような倫理規範に対応していなかったため，1974年まで国際CE協会（FIDIC）に加盟できませんでした．

利益相反にはさまざまな場合が考えられます．誰しも，少なくとも仕事と私生活では利害が異なってきますので，**仕事に私**

1 新谷由紀子『利益相反とは何か―どうすれば科学研究に対する信頼を取り戻せるのか―』筑波大学出版会，2015, pp. 7-9.

生活を持ち込むことで利益相反が生じる可能性があります．さらに，仕事でも兼業をすれば複数の利害を持つことになります．とくに専門家には**公的使命**が求められますので，その公益に対する判断に自分自身の仕事の利害が影響を及ぼす可能性が出てきます．

　利益相反を引き起こす原因は，主に**金銭収入**と**時間配分**に関係しています．時間や努力（エフォート）の配分での利益相反は**責務相反**（conflict of commitment）とも言われます．これらは表6-1のように分類できます．

表 6-1　利益相反の分類

利益相反（金銭収入など）		責務相反（時間配分など）
個人として	組織として	兼業によって仕事に必要な時間が不足し，求められる責任が両立できなくなる場合
仕事の利害と私的な利害や兼業先の利害が対立している場合	公益性の高い仕事を行う組織において，その組織の利益と社会的責任が対立している場合	

文部科学省「利益相反ワーキング・グループ報告書」2002. を参考に作成.
http://www.mext.go.jp/b_menu/shingi/gijyutu/gijyutu8/toushin/021102.htm

6.2　企業や大学における利益相反

　誰にでも私生活での利害があり，それは所属組織の利害とは異なってきます．そのため，仕事に私生活を持ち込むことで利益相反が生じる可能性が出てきます．また，兼業によっても利益相反が生じる可能性が出てきます．企業などの組織に勤務することで生じる利益相反には表6-2のような場合があります．これらの利益相反の例のほとんどは，企業に限らず，大学や研究所などの勤務に対しても一般的に当てはまります．

表6-2　組織での利益相反の例

- 所属組織の資産（コンピューターや事務用品などの設備備品や消耗品，知的財産，勤務時間など）を個人的な利益のために用いること
- 親族や親友が経営する組織との取引を優先すること
- 業務を通じて得られた利益情報を所属組織ではなく個人の利益のために用いること
- 業務を通じて取引先や競合他社から個人的な恩恵（贈り物や値引き，飲食など）を受けること
- 勤務時間外であっても所属組織の社会的イメージを損なう行動をとること
- 所属組織の利害に関連する他社の会社役員や公的委員に就任すること

新谷『利益相反とは何か』pp. 9-13. などを参考に作成.

　この中で，業務を通じた個人的な恩恵は，少額で社交儀礼の範囲内であれば問題にはならないかもしれませんが，組織の行動規範に従って判断する必要があります．また，外部の会社役員や委員に就任することは，無報酬であっても利益相反になる可能性があります．とくに，その活動が所属組織の利害と何らかの形で関係してくる場合には，それが所属組織の利益になる場合であっても組織全体としての利益相反が疑われることになるため注意が必要です．

以上は一般的な利益相反の例です．企業とは私的な組織なので，その利益相反も基本的には私的なものです．しかし，そこに社会的責任として公益性が求められるようになると，利益相反はより大きな問題になります．とくに科学者・技術者の仕事は専門知識に基づくので，大学や研究所との**産学連携**が重要になってきます．あるいは，自分が大学の研究者や教員に就職して産学連携を進めることもあるでしょう．近年ますます幅広い専門領域の知識や経験を結集しなければ新たな技術や製品を生み出すことが難しくなっています．機械的な仕組みだけで動いていた自動車は電子制御が当然になり，電気モーターとのハイブリッドも増えています．そうすると，異分野企業との連携はもちろん，大学や研究所との産学連携も必要になってきます．

　大学は公益性の高い組織です．大学の研究室では，科学研究費補助金などの公的資金（税金）で購入したさまざまな設備備品が使用されています．国公立大学はもちろん，私立大学の運営も多額の税金で支えられています．そして，大学の研究者や教員には一般企業の会社員に比べて高い自律性や独立性が与えられています．そのため，産学連携を進めるにあたっては利益相反がより大きな問題になります．大学の社会的機能は，例えば教育基本法で次のように定められています．

大学の社会的機能（教育基本法　第7条）

- 大学は，学術の中心として，**高い教養と専門的能力**を培うとともに，**深く真理を探究**して新たな知見を創造し，これらの成果を**広く社会に提供**することにより，社会の発展に寄与するものとする．
- 大学については，**自主性**，**自律性**その他の大学における教育及び研究の特性が尊重されなければならない．

　大学の利益相反には，大学組織や教員個人の私的な利益を重視して，本来重視されるべき高い教養や専門的能力の育成や本質的で深い研究を軽視することがあげられます．一部の企業のみの利益になる委託研究や共同研究を進めたり，それによって結果的に学生に対して体系性に乏しい表面的な教育がなされた

表6-3 筑波大学において実際にあった利益相反の相談の内容の分類

(2005年11月~2009年12月)

分類	利益相反問題
大学発ベンチャー (36件)	大学発ベンチャーの未公開株式保有と発注(教員が代表者の場合を含む)
	学生発ベンチャーの未公開株式保有(出資)
	大学発ベンチャーの配偶者による未公開株式保有
	大学発ベンチャーの未公開株式保有と兼業
	成果移転先の大学発ベンチャーの株式(新株予約権)保有
	上場後の大学発ベンチャーの株式保有
	転勤による他大学発ベンチャーの未公開株式保有(出資)について
	大学と大学発ベンチャーとの共同研究
	大学発ベンチャーの販売製品の大学施設内生産
	大学発ベンチャーの営利事業(研修会)のための大学の施設利用
	大学が大学発ベンチャー施設内で行うシンポジウム
	大学発ベンチャーからの奨学寄附金
	成果移転先の大学発ベンチャーからの多額の報酬
	大学発ベンチャーの役員としての講演時の大学の身分の表示について
	大学発ベンチャーの役員として平日の講演時の兼業手続きについて
	大学発ベンチャーの貿易上の留意点
大学の名称使用 (6件)	共同研究成果にかかわる大学名称・大学写真の使用や教員コメント発表
	奨学寄附金の受領と商品の推薦コメント
知財の利用 (5件)	販売目的のデジタル・コンテンツ開発のための授業での利用
	契約を締結しないまま共同研究を実施し,成果であるプログラムを販売しようとした
	研究成果(ソフトウェア)使用の企業との包括協定について
	国の補助金(科研費)による成果物(ワークブック)の出版・販売
	成果有体物(植物標本)の販売について
兼業(3件)	兼業(裁判に伴う意見書作成)先から奨学寄附金の受領
	多額の兼業報酬(裁判に伴う意見書作成)
	企業と共同で人材養成塾を開催して利益を得る
企業からの 寄付・設備の貸与 (3件)	製薬会社の共催による研修医対象の講演会等(単位付与)資金支援と宣伝
	国の補助金事業に関連した大学主催又は共催のセミナーへの企業からの寄付と広告掲載及び企業代表による挨拶
	医学部の研究室に企業から診断機器が持ち込まれ,研究室でデータを取得して,学会誌に報告する
臨床研究(1件)	臨床研究時(栄養補助飲料の有用性の検討)の利益相反の留意点

新谷『利益相反とは何か』p.16,表1-3.

りすると，社会的責任として大学に求められる公益性が満たされなくなります．産学連携を個人ではなく大学組織全体の利益のために進めても，そこには公益との利益相反が生じる可能性があります．

大学における利益相反の具体的な分類として，筑波大学が表6-3の調査報告をしています．この中で最も多かったのは大学発ベンチャーに関連する利益相反でした．それに，大学の名称使用，知財の利用，兼業，企業からの寄付・設備の貸与，臨床研究が続いています．

大学の研究者が自らの研究成果をシーズ[2]としたベンチャー企業を立ち上げることは，多くの大学で推奨されています．しかし，大学発ベンチャー企業では，公益性の高い大学研究者という立場を維持しながら，私的な利益を追求する企業経営者という立場を兼業することも多く，そのことがさまざまな利益相反の原因になります．大学と企業との共同研究では，企業の研究者が客員研究員や研究員として大学に所属することもあります．そのような場合に，ベンチャー企業の仕事を大学施設である自分の研究室で行うことはどこまで許されるのでしょうか．明らかに大学の研究と異なれば区別もつけやすいでしょうが，大学での研究や教育ときちんと区別できない場合も出てきます．

> **質問6-1** あなたはA大学の大学教員です．3年前に画期的な研究成果によって特許を取得し，それを事業化するためにベンチャー企業B社を立ち上げました．起業にあたっては大学を辞職するという選択もありましたが，A大学は教授への昇格を提示して残留を求め，自分としてもその肩書があった方が事業に有利であり，将来への不安も軽減されると考えて，大学教授と会社役員を兼業することにしました．
>
> 現在，あなたはB社の事業のさらなる進展のために，A大学の研究室をインキュベータ[3]として利用するようになりました．学生の研究テーマもB社の事業に関連するテーマから選ぶようになり，B社への電話注文なども研究室にかかってくるようになっています．あなたはどのようなことに気をつけて仕事を進めるべきでしょうか．注意すべき点を具体的に考えてみましょう．

[2] 製品開発につながる種（seeds）となる新しい技術のこと．消費者のニーズ（needs）と対比される．

[3] 孵卵器・保育器（incubator）の意味から派生して，新しい産業・イノベーションを育成するために，公的機関が起業家に低コストで提供する施設や機関のこと．

産学連携の目的は大学の知的財産の活用にあります．そのため，産学連携における利益相反では，特許などの知的財産の所有権と活用が大きな問題になります．自分の研究成果として得られた知的財産についても，その権利関係を十分に確認しておく必要があります．適切な管理や手続きがなされていないと，その研究成果を応用して新しい事業を展開した場合に，知的財産の無断使用などで告訴されるかもしれません．

> **●質問6-2**　あなたはX社の技術者で世界最速クラスの演算能力を持つスーパーコンピューター「無量大数」の開発を担当しています．これまで，C大学情報学部のD教授と共同で世界初の技術を搭載したCPU「∞」の開発に取り組み，さまざまな特許を取得してきました．このたび，X社ではこの「無量大数」の開発で得られたノウハウを利用して，一般ユーザー向けのパソコン「スーパーX」を製造販売することになりました．あなたはどのような事に気をつけて仕事を進めるべきでしょうか．注意すべき点を具体的に考えてみましょう．

6.3 利益相反の組織的な管理

　利益相反では，利害の対立構造がかなり複雑になる場合もあります．巻末の討論事例3として，「夢の抗がん剤!?」という製薬企業との産学連携についての仮想事例を掲載してあります．創薬は人間の健康や福利に直接影響を及ぼす分野です．今まで不治の病と考えられてきた病気が，その新薬開発や新治療法の確立によって克服され，患者が一命をとりとめて日常生活に戻っていくところを目の当たりにすれば，この分野の重要性は明らかです．しかし，それには莫大な経費や時間，人的資源が必要とされるため，この分野は利益相反が生じやすい分野でもあります．この討論事例3について，自分ならどのように行動するか，ぜひ考えてみてください．

　この事例のような利益相反をなるべく回避するために，利益相反の組織的な管理（利益相反マネジメント）が各国で求められるようになっています．製薬企業に関してはこの組織的な管理がいち早く進められており，資金提供情報の開示については，欧米諸国では表6-4のように規制されています．

　製薬企業における利益相反の開示は，アメリカが公的規制である以外は倫理的な自主規制となっていますが，カナダを除いて，すべての国が強制力を持たせています．この調査は製薬企業を対象としたものですが，近年は医工連携も積極的に推進されていますし，このような規制が工学分野などに拡大していくことも予想されます．利益相反は社会的な注目度も高く，公益性の高い組織に対しては，とくにきめ細かな管理が社会的に強く求められるようになっています．専門家としても，その対応には十分に気を使い，きちんとした透明性の高い仕事を進めなければいけません．

表 6-4 利益相反の情報開示の国際比較（製薬企業の例）

	米国	EFPIA（欧州32か国＋40企業）	イギリス	オーストラリア	カナダ
規制のタイプ	公的規制（米国医療保険改革法） 強制力あり	自主規制（EFPIAコード） 強制力あり	自主規制（ABPIコード） 強制力あり	自主規制（オーストラリア製薬協コード） 強制力あり	自主規制（カナダ製薬協透明性ガイドライン）
開示項目	コンサルティング料, 謝礼, ギフト, 接待, 食事, 旅費, 教育, 調査, 寄附, 助成, 研究・開発に関連する支払い等, ほぼ全ての対価の移動	寄附 患者団体支援（2010年6月, 今後一層透明性を強化する方針を発表）	コンサルタント費（座長, 講演, アドバイザリー等の謝礼）, 学会等参加費用（登録費, 旅費等）, 寄附, 患者団体支援, 市販薬の非介入試験の結果	講演会, 説明会, 接待の参加人数, 場所, 時間, 内容, 食事費用, 総額	患者団体等ステークホルダーに対するあらゆる金銭, サービス, 現物等の支援
開示方式	政府へ報告し, 報告内容が政府HPで公開される	寄附の開示は「推奨」 支援患者団体のリストおよび内容を開示	コンサルタント費, 学会参加費用は年間総額の開示 寄付は個別開示 患者団体支援は250ポンド以上を個別開示 市販薬の非介入試験については試験概要と結果を開示	イベント毎の参加人数, 会合目的, 会合時間, 会場費, 食事代等の費用総額を開示 オーストラリア製薬協のHPへ掲載	各社がそれぞれ開示
施行年月日	2010年3月成立	2008年7月	2011年1月	2008年3月	2009年1月
開示開始年月	2012年分を2013年から開示	各社随時	2012年以降の支払を決算終了後3ヶ月以内に開示	2008年3月	各社随時
罰則	申告漏れ1件につき1千ドル〜1万ドル, 年間15万ドル以内の罰金. 最大10万ドル, 年間最大100万ドル	EFPIA：社名公表 スペイン：公表・最大€36万の罰金等	公表・製薬協会員資格停止等	社名公表・最大$20万豪の罰金等	開示に関する罰則は現時点ではない.（コード違反は公表・罰金・除名等あり）

日本学術会議「臨床研究にかかる利益相反（COI）マネージメントの意義と透明性確保について」2013, 表 1.

6章のまとめ

① 利益相反とは利害の対立する複数の社会的立場におかれている状態のことである．社会的な状態のことなので，本人の心がけとは無関係に倫理問題となる．

② 利益相反は可能な限り避けなければならない．

③ 利益相反が懸念される場合には，その事実を必ず開示しなければならない．利益相反を開示しないことは不正行為である．

④ 利益相反は金銭収入や時間配分などによって生じる．

⑤ 大学は公益性の高い組織であり，とくに産学連携では利益相反がより大きな問題になる．

おわりに
―より良い社会のための科学技術者倫理―

セブン・ステップ・ガイドによる社会的考察

　教科書や試験で出される問題の多くでは，明示的に与えられた条件から解答を導くことが求められます．それに対して，科学技術者倫理の事例分析では，明示されていない事実関係やステイクホルダーの価値観を社会的に幅広く想定して行動案を考え出すことが求められます．セブン・ステップ・ガイドでは，この想定と分析をステップ2と3で行いました．これらのステップでの想定や分析が不十分だと，ステップ4では視野の狭い表面的な行動案しか考え出せません．実効性のある具体的な行動案を考え出すためには，ステップ2と3で問題解決に関係しそうな社会的要因を多面的にしっかりと見定めていく必要があります．

　社会のことを幅広く想定することはステップ7でも重要です．組織のあり方や組織を取り巻く社会環境のあり方が，その問題を構造的に引き起こしている可能性もあります．再発防止のためには，自分自身の行動を反省して改善していくことも重要ですが，組織的な対策を工夫することも重要です．それも，形ばかりの対策ではなく，実効性のある再発防止策を組織的に制度化していくためには，社会についての多面的な理解が必要不可欠です．例えば，本書の冒頭で考えたコンビニエンス・ストアの事例では，電力が途絶えると冷蔵・冷凍食品が保存できなくなります．それに対して非常用電源を備えておくという対策は技術的には可能かもしれませんが，経営的には現実的ではないでしょう．コンビニ業界の経営の厳しさを少しでも知っていれば，なおさら机上の空論と考えられます．理想論を掲げても実効性がなければ問題が再発してしまいます．

　経営の問題に加えて，心理の問題にも配慮する必要があります．科学者・技術者は，人間関係が限られた閉鎖的な環境で仕

1　武道では「居つき」、精神医学では「ダブルバインド」と言われる状態であり、このような心理状態になると適切な行動をとることが困難になる。（ベイトソン「精神分裂症の理論化に向けて」『精神の生態学』思索社，1990，pp. 288-319.）

事をしていく場合が少なくありません．このような状況では視野が狭まり，組織固有のモラルを当然視したり，あるいはそれを批判することが無駄だと思われたりして，組織の判断に従うしかないと思い込みがちです．このような心理状態については2.5で解説しました．そこに倫理的なジレンマが生じると心理的に固まってしまい[1]，対立するどちらかの価値の二者択一か，あるいはどちらも選択できない思考停止に陥ってしまいがちです．

そもそも私たちは自分が直面している問題をどこまで客観的に把握できているのでしょうか．印象に左右されて短絡的・感情的に考えていないでしょうか．社会についての知識や経験が少ないと，そのような危険性が高まります．

Column　観察の理論負荷性

そもそも私たちは事物をどれだけありのままに把握できているのでしょうか．

例えば，右の絵は何に見えるでしょうか．斜め後ろを向いた若い女性でしょうか．あるいは斜め前を向いた年老いた女性でしょうか．後ろを向きながら前を向いている，若い女性でありかつ老婆でもあり，それ以外の何かでもあるというような多義的な存在として，それをありのまま理解することは可能でしょうか．それはもはや理解とは言えないのではないでしょうか．

何に見えますか？

少なくとも，この絵を理解しようとすると，若い女性か老婆かという二者択一で把握していることに気づかされます．

科学哲学者・科学史家のハンソン（Norwood R. Hanson）[※1]は，人間が世界を把握するときには，対象をありのままに把握するのではなく，何らかの既知の概念や理論に基づいて理解しているとして，観察には**理論負荷性**があると主張しました．科学史家のクーン（Thomas S. Kuhn）[※2]は，科学研究でも同様に既知の学問体系による理論負荷性があるとして，これを**パラダイム論**として展開しました．

※1　ハンソン『科学的発見のパターン』講談社，1986．
※2　クーン『科学革命の構造』みすず書房，1971．

専門家の仕事には，自分の知識や技能についての**継続研鑽**（continuing professional development: CPD）が求められます．科学技術の専門知識はつねに新しくなっていきますし，社会の価値観も時代とともに変化していきます．それにともなって新たな倫理問題も生まれますし，法律も新しくなります．これらに具体的に対応していくためには，つねに新しい知見が求められます．抽象的な理想論ばかりを掲げても意味はありません．問題の本質をしっかりと見極め，それに対応できるようになるために，具体的な努力を普段から重ねておく必要があります．

科学技術のさらなる発展の中で

　科学技術が発展していくことで，新たな倫理問題も生まれていきます．とくに人工知能やロボット，遺伝子操作などの研究開発の方向性によっては，私たちの生活のあり方はもちろん，人類のあり方そのものの価値観が大きく変化していく可能性があります．

　例えば，人工知能についてはどうでしょうか．現代において，さまざまなデータの処理はほとんどコンピューターが担っています．人工知能は，さらにそのデータを用いた学術研究や社会的判断を担うようになる可能性もあります．これらが技術的に可能になるのであれば，人類はそれを倫理的にどこまで進めてよいのでしょうか．

　まず，科学技術の高度化やシステム化が進むと，その安全評価がますます困難になることが予想されます．現在多くの一般市民がそうであるように，その評価を専門家に依存する傾向はますます強まるでしょう．しかし，専門家ですらその評価が難しくなってきたら，その管理を人工知能に委ねていくことも合理的と考えられます．また，専門的な学術研究についても，人間の能力には限界があるかもしれません．人工知能によって多くのデータを統計処理することで新しい理論や法則性を見出していくことが一般化すれば，科学的方法そのものが変化していくかもしれません．そうすると，研究倫理のあり方も変化し，専門家と公衆という図式は人工知能と人間という図式へと変化していくかもしれません．

また，ステイクホルダーが拡大すればするほど配慮すべき価値観は多様になり，この傾向はグローバル化の進展とともに強まっています．公益を判断する場合には，その評価を一般市民へと民主的に開いていくことが重要ですが，人類にはその調整がどこまで可能でしょうか．この利害調整はこれまで政治によって進められてきましたが，データの処理や知識の管理と同じように，利害がさまざまに対立する社会的判断についても人工知能の助言によって進めることは合理的と考えられるかもしれません．

　人工知能の判断のあり方は人間の判断のあり方とは大きく異なると思うかもしれません．しかし，情報通信技術の発展がインターネットの普及によって人々の社会的判断に影響を及ぼしてきたように，人間が人工知能の判断のあり方に適応することで，社会的・倫理的判断のあり方も変化していくかもしれません．

　しかし，このような変化が進むと根本的な倫理問題が生じてきます．倫理的思考の条件として自律性が不可欠ですが，人間が人工知能に判断を依存するようになると，人間の自律性は弱まるでしょう．そうすると，責任についての社会的な理解は変化し，科学技術者倫理として求められる内容も変化していくことが考えられます．

　以上は極端な例でありSFの域を出ませんが，より小さな倫理問題であれば，科学技術の進展とともにさまざまな専門分野で生じるでしょう．科学技術には，より良い未来を創造していける無限の可能性があります．もちろん，その逆の可能性もあります．自分の研究開発の将来的な影響を予見することは，科学技術の専門家としての社会的責任です．公益に関わる本質的な問題があれば一般社会にその可能性を開示・警告し，その研究開発の管理や禁止に協力するなど，倫理的に適切な対応を取らなければいけません．

責任ある科学者・技術者として，そして成熟した社会人として

　最後に本書全体の復習として，自分が科学技術の専門家として重視すべきことを自分自身の言葉でまとめておきましょう．

【科学技術の専門家として重視すべきこと】（記録しておこう）

　冒頭のコンビニエンス・ストアの事例を考えたときに，あなたは店内でこれから起きることを消費者の立場から考えたかもしれません．消費者，つまりサービスを提供される立場からでは，あなたが現在学んでいる専門知識を事態の改善に活かすという発想には結びつきにくかったと思います．しかし本書を通じて科学者技術者倫理を学んだ今では，起きている事態についても，そこでの自分の行動の可能性についても，ずいぶんと違った印象を持てるようになっているのではないでしょうか．あなたは自分の直面する事態をより高い視点から，より広く把握し，より深く分析できるようになっているはずです．

　あなたは科学技術の専門家として，自分の専門的な知識や技能を活かして仕事をしていきます．多くの場合には企業などの組織に就職し，その所属組織の利益のために仕事をすることで給与を得ていくことになるでしょう．しかし，専門家の仕事はそれだけにとどまるものではありません．組織に所属しているかどうかとは関係なく，あなたには一人の専門家として，そしてもちろん一人の成熟した社会人として，公益に対する社会的責任があります．自らの専門知識を活かして社会についてよく考え，支え，より良く発展させていくことに努めなければいけません．大きな責任をともないますが，専門性が高くなるほど，あなたにしかできない，とてもやりがいのある仕事になるはずです．科学技術には，より良い未来を創造していける無限の可能性があります．高い目標を掲げ，より良い仕事を進めてくれることを期待しています．

| Column | # 大学と社会 |

　人間や社会について多面的に深く理解していくためには，**人文・社会系**（経済学，心理学，哲学，歴史学，社会学など）の学問からもさまざまな知見を学び，教養を高めることが重要です．専門書では細かく難しい議論が展開されているかもしれませんが，入門書で論点を理解しておくだけで，世界の見え方は変わってくるでしょう．

　社会を表面的にしか考えない傾向は，これらの学問的知識を生み出す大学でも広がっているため注意が必要です．大学では，教員の関心は自分の専門分野に限定されていく傾向があります．また，社会への実用性を重視する教員の関心は，学問的な内容にまで至らない傾向があります．とくに近年では**社会に役に立つこと**が大学そのものにも強く求められるようになり，学生募集のためにも教員の業績のためにも，わかりやすく聞こえのよいテーマや内容が並びがちです．この社会的な背景は 5.3 でも解説した通りです．例えば「社会のニーズに応える大学」や「社会に適応できる人材を育成する大学」などを教育目標として掲げる大学は数多くありますが，そこで対象とされている社会の理解が表面的で偏ったものになっていないか，十分批判的に吟味しておく必要があります．

　社会のニーズばかりを追求すると**主体性**が失われていきます．そのような姿勢では，現実の社会のあり方を根本的に批判・検討していくことはできません．このことは大学にも企業にも言えます．大学がこのような教育を過度に重視することは，学生を社会に順応するだけの受動的な存在として位置づけていることになります．学生の自律性や主体性を阻害するような教育が拡大することは，科学技術者倫理の観点からも大きな懸念事項です．大学や研究者にも利害関係はあります．それについても明示されていないところまで幅広く想定しておかなければ，自分が学ぶ知識が表面的で危ういものになってしまいます．

　学ばなければいけないのは伝統的な学問分野だけではありません．それらの理解を実際の行動に活かしていくためには，コミュニケーションやプレゼンテーションの能力を高めることも必要です．例えば 1986 年に起こったスペースシャトル・チャレンジャー号爆発事故では，事故発生を懸念した現場技術者のボジョレー（Roger Boisjoly）が会社の上層部に対して打ち上げ前夜にその危険性を訴え，事故を未然に防ごうと全力を尽くしました．しかし，事故発生の可能性を示すデータを持ちながらも説得力のあるプレゼンテーションができず，会社の上層部の意向を変えることができませんでした[※]．これらの**主体的な実行力**も総合的に高めなければ，具体的で実効性のある行動案であっても，それを実現することは難しいでしょう．

※ ウィットベック『技術倫理 1』みすず書房，2000，p. 176．
　シンジンガー，マーティン『工学倫理入門』丸善，2002，pp. 139-154．

科学と技術の歴史

　1章で「科学」とは何か「技術」とは何か，それぞれでは何が重視されているのか考えました．「科学技術」を英語に訳すと "science and technology" です．現在の私たちは科学技術という一つのものをイメージしがちですが，少なくとも欧米の言語では現在でも科学と技術は二つに区別されています．科学と技術は生まれも育ちも異なります．この違いを理解するためには科学と技術の関係を歴史的に理解する必要があります．

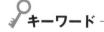キーワード

科学，技術，科学者，技術者，自然法則，大学，科学技術の制度化

1 科学と技術の曙

　科学は，自然についての体系的な知識や論証的な学問として，紀元前の**ギリシア**で生まれました．そして，これが自然界の法則性を明らかにしようとする営みとして，ローマ帝国，中世アラビア世界を経由して 12 世紀のラテン世界（西ヨーロッパ）にもたらされました．この古代ギリシアの諸学問がキリスト教と結びついてスコラ学として展開され，トマス・アクイナス[1]らによってその後の西ヨーロッパの学問の体系的な基礎が形成されました．このできごとは「**12 世紀ルネサンス**」と呼ばれています．当時，「知る」「解明する」だけでなく，明らかにした結果を踏まえて「何をすべきか」までを含む「知恵」のことを，ラテン語[2]で**スキエンティア**（scientia）と呼んでいました．この言葉は**サイエンス**（science）の語源になりますが，現在の「科学」よりも広い概念でした．

　当時，イタリア（ボローニャ），フランス（パリ），そして少し遅れてイギリス（オックスフォード）などで，古典的大学である**ウニベルシタス**（universitas）[3]が創立されていきました．これが現在の**ユニバーシティ**（university）の語源です．当時の大学では，プロフェッション養成のための上級学部（神学部・法学部・医学部）に進学する前段階として学芸学部が置かれており，そこで中核的な教科**アルテス・リベラレス**（artes liberales）として，文法・修辞学・弁証法（論理学）からなる**三科**（trivium）と，現在の科学に相当する算術・幾何学・天文学[4]・音楽からなる**四科**（quadrivium）が教えられていました．これが，現在の**リベラルアーツ**（自由学芸，**教養科目**）の発祥です．

　ヨーロッパ中世はキリスト教が大きな影響力を持っていた時代でした．キリスト教では，唯一の造物主である神が，時間も空間もないところにこの世界を創造したと考える独特の世界観を持っていました．これを「**無からの創造**」と言います．大地や海などに続いて神は，人間以外の動植物も創造し，最後に自

1　トマス・アクイナス（Thomas Aquinas, 1225-1274）中世ヨーロッパを代表する神学者．

2　ラテン語は当時の公用語であった．

3　直接には「組合」を意味する．学生あるいは教員が組合を組織して互いの交渉に臨んだことに由来する．

4　当時の占星術および現在の地理学を含む．

分に似せて人間を造ります．人間は「**神の似姿**」と考えられましたが，単に姿形が似ているのではなく，他の被造物と異なり，全知全能の神の能力の一部である**理性**が分け与えられ，神が創造したこの世界（自然）の中に存在する**法則**[5]など**神の意志**をその理性を用いて解明することができる，と考えられていました[6]．

その後，15, 16 世紀に入ると，神の意志は**数学的**[7]に構成されていると考えられるようになり，コペルニクス[8]，ケプラー[9]，ガリレオ[10]，デカルト[11]，ニュートン[12]といった科学者たち（当時は「**自然哲学者**（natural philosopher）」と呼ばれていました）は，この世界に置かれた**法則**を次々と解明していきます．これによって近代科学が誕生しました．

他方，**技術**（テクノロジー）は，言葉としてはギリシア語の**テクネー**に由来します．こちらは，例えば銅器鉄器の改良など，人間の営為とともにどの時代，どの地域にも存在してきました．このように，科学と技術は歴史的にはまったく別の存在でした．中世から近代初頭にかけての火器（銃や火砲），築城術，蒸気機関の発明とその改良は，一見すると科学と技術が組み合わさってできた産物のように思われるかもしれません．確かに蒸気機関の背後には熱力学や工学などが存在しますが，当時はまだそれは認識されておらず，単に技術の改良によってもたらされたものでした．

---

[5] 法則（law）とは「神によって置かれたもの」という意味であった．

[6] 自然界の秘密を解き明かし，それを配した神の御業を讃えるのが「讃美歌」である．

[7] 現在の数学よりも広い概念として考えられていた．

[8] コペルニクス（Nicolaus Copernicus, 1473-1543）ポーランドの天文学者であり，地動説を提唱した．

[9] ケプラー（Johannes Kepler, 1571-1630）ドイツの天文学者であり，ティコ・ブラーエ（Tycho Brahe, 1546-1601）の残した観測データの分析を進めて惑星運動の三法則を導いた．

[10] ガリレオ（Galileo Galilei, 1564-1642）イタリアの物理学者・天文学者・数学者．詳細は 5 章を参照せよ．

[11] デカルト（René Descartes, 1596-1650）フランスの哲学者・数学者・自然学者．「我思う，ゆえに我あり」という有名な言葉とともに，独自の存在論を根本から構築した．数学を重視し，機械論的な自然観を展開した．

[12] ニュートン（Isaac Newton, 1642-1727）イギリスの物理学者・天文学者・数学者．詳細は 5 章を参照せよ．

補章　科学と技術の歴史

2　科学技術の制度化

　18世紀に産業革命が起こると，社会の維持・発展には科学と技術が不可欠であるという認識が広がっていきました．科学と技術の相互の結びつきが強まり，「科学技術」が社会的に重要な意味を持つようになります．こうして，科学技術が制度的なシステムとして社会に組み込まれるようになり，19世紀を通じていわゆる**「科学技術の制度化」**が進められました．

　この科学技術の制度化によって近代型大学が成立し，中世型の古典的大学では教育対象とされなかった科学技術を中心とする高等教育機関が相次いで設立されていきました．1794年に設立されたフランスのエコール・ポリテクニク（École polytechnique）はその典型で，各国の技術学校・工業大学のモデルになりました[13]．また，科学技術の学協会が設立されて，科学技術研究が職業化，専門化されていきました．こうして，森羅万象に通じ，神の御業(わざ)を解き明かそうとするかつての自然哲学者ではなく，専門分化して，その狭い専門分野にのみ通じるスペシャリストである今日的な意味での**科学者**（scientist）や**技術者**（engineer）が出現しました．

　科学と技術が結びついた科学技術の有用性がひとたび認識されると，状況は一変しました．19世紀に発展した**化学工業**や**電気工業**を嚆矢(こうし)として，科学的な原理を技術に応用して産業は科学化され，科学は産業化されていきました．例えば，かつては世界各地で藍(あい)が育てられ，青色の染料の原料として重用されていましたが，化学合成によって安価で均一な品質のインディゴ染料が開発され，藍を駆逐していきました．

　変化したのは科学者・技術者だけではありません．自然の法則性の純粋な解明とその現実への応用といった科学と技術をはっきりと区別することも困難になっていきました．例えば，可視光線の波長から性能に限界のある光学顕微鏡に代わって，科学理論に基づいて設計製造された電子顕微鏡の使用が進み，新しい科学的発見をもたらしました．こうして，科学研究も高

13　マサチューセッツ工科大学（Massachusetts Institute of Technology）やスイス連邦工科大学（Eidgenössische Technische Hochschule）などは，その名称においても大学（university）とは区別されている．

度な技術を用いた実験・観測手段に依存するようになり，科学研究と技術開発とが融合して，科学と技術の境界線が曖昧になっていきました．

20世紀に入ると，科学技術が国家を支える**軍事力・経済力**に不可分の要素である，という認識が強まり，各国は軍事目的で科学研究を進めることで国力を伸ばそうとします．その行き着いた果てが第一次および第二次世界大戦でした．

第一次世界大戦では毒ガス，戦車，潜水艦，機関銃，飛行船，複葉爆撃機など，当時の最先端の科学技術が動員されました．第一次世界大戦はしばしば**「化学者の戦争」**と呼ばれます．例えば，ドイツの化学者ハーバー[14]は空気中に無限に存在する窒素を利用するアンモニア生産方法（ハーバー・ボッシュ法）を開発しました．アンモニアは肥料だけでなく爆薬の原料にもなる物質です．さらにハーバーは第一次世界大戦中にドイツ陸軍大尉として毒ガス開発に協力しました．こうして，ホスゲン，クロルピリン，マスタード・ガスといった現在知られている毒ガスの大半が開発され，実戦で使用されていきました．このことは連合国でも同様であり，例えばワイツマン[15]はイギリス海軍に協力して，無煙火薬の原料となるアセトンの発酵製造法を開発しました．

第二次世界大戦は**「物理学者の戦争」**と呼ばれ，レーダー，コンピューター，そして原子爆弾などが国家的に開発されました．このように20世紀に入ると科学技術を軍事力や経済力に役立てようとする考えが有力となり，政府や企業が積極的に**研究開発（R&D）**を推進するようになりました．これらの是非はともかく，科学と技術が結びつきを強めて「科学技術」となり，産業や国家との相互関係を深めて，社会システムの内奥まで入り込むようになりました．

---

14 ハーバー（Fritz Haber, 1868-1934）ドイツの化学者．アンモニア合成化学の業績によりノーベル化学賞を受賞した．

15 ワイツマン（Chaim A. Weizmann, 1874-1952）イギリスの化学者．後にイスラエルの初代大統領に就任した．

3 「知は力なり」だったのか

　近代科学は成立当初から大きな影響力を持っていた，あるいは少なくともそのように認識されていたのではないかという疑問を持つかもしれません．例えば近代科学の成立に大きな影響を与えたベーコン[16]は，有名な「知は力なり」という言葉を残しています．この言葉は確かにベーコンのものですが，実は，彼の著書の中には残っていません．一時期秘書を務めたホッブズ[17]の著作の中に記されています[18]．ここでの「知」とは「スキエンティア」の訳語ですが，これを「科学」と訳すならば「科学は力である．しかし，それは小さな力である」という意味で記されており，近代科学の黎明期にはまだ，科学はそれほど大きな力を持っているとは認識されていなかったことがわかります．

　さらに，すでに述べたように，この時代にはキリスト教が大きな影響力を持っていて，「神の似姿」である人間は，神から不完全な形で分け与えられた**理性**を用いて神の意志である**自然界の法則**を解明することを許されている，さらにはそれを促されている，と理解されていました．しかも人間は，解明されたその法則を用いてこの世界や人間以外の被造物を支配することを許されていると理解されていたのです．ただしこの支配は，神が許す限りにおいて，という条件つきのものであり，無制限に何をしても良いとされていたわけではありません．近代科学の成立に大きな影響を与えた前述の自然哲学者たちは，例外なしに神や自然をこのようなものと考えていました．

　この状況が一変したのは18世紀のことです．ディドロ[19]らフランス啓蒙主義者と呼ばれる人たちは，そのような神や人間，自然の概念を否定し，人間中心の自然観を提唱しました．自然は神の御業ではなく，人間の搾取の対象として見なされるようになったのです[20]．

　近代科学の自然観・世界観はこの18世紀に劇的に変化しました．近代科学を自動車に例えると，それまでアクセルとブレー

16　ベーコン（Francis Bacon, 1561–1626）イギリスの思想家・政治家．近代科学の理念として実験と技術を重視した学問論を展開した．

17　ホッブズ（Thomas Hobbes, 1588–1679）イギリスの哲学者．『リヴァイアサン』を出版し，自然権と社会契約説に基づく近代国家論を展開した．

18　T. Hobbes, *De Homine*, cap. X. 原文は"Scientia potentia est, sed parva."

19　ディドロ（Denis Diderot, 1713-1784）フランスの啓蒙思想家．ダランベール（Jean le Rond d'Alembert, 1717-1783）とともに『百科全書』を立案・編集した．

20　村上陽一郎『近代科学と聖俗革命』新曜社，1976．

キの両方を果たしていた神の存在は背景に退き，代わりに人間が前面に出てアクセルを踏み続けることになりました．さらに19世紀以降，科学と技術が結びつき，現実の社会との関係を深めるようになると，前述のようにその動きは加速されていきました．

4 「科学」「技術」と「科学技術」
―明治期日本の解釈と対応―

　これまで科学と技術，そして科学技術の歴史を概観しましたが，その舞台はいずれもヨーロッパやアメリカでした．日本では歴史や文化が異なるため，科学技術についての理解も欧米とは異なっています．

　1853年および翌1854年に，ペリー率いるアメリカ艦船が日本に来航して開国を求めました．この「黒船来航」をきっかけとして1867年に大政奉還，王政復古が行われ，翌1868年に**明治政府**が誕生します．ペリーは日本政府への土産として小型の**蒸気機関車**と**電信機**を渡しました．戦国時代に「種子島」と呼ばれた鉄砲（火縄銃）が伝わったときには，日本人は数年でそれを真似て製造するようになりました．高度な技術でしたが，すぐに真似することができたのは，それが技術に留まっていたからです．しかし約300年後にもたらされた蒸気機関と電信は，当時の最新の熱力学や電磁気学の理論を背景としたさらに高度な科学技術の産物であったため，もはや単なる模倣は不可能でした．

　欧米列強との国力の差を見せつけられた明治政府は，西洋文明を積極的に導入し，**富国強兵**と**殖産興業**を図ります．そのためには人材（科学者・技術者）養成が急務とされ，「お雇い外国人」と呼ばれた大勢の外国人教師を日本に招くとともに，留学生を欧米に派遣しました．そして，1873年に工学寮を開校（後に工部大学校に改編），1877年には東京大学を開設します．東京大学は1886年に帝国大学に改編されますが，その際に工部大学校を併合してその工科大学としました．これが後の東大工学部であり，総合大学の中に工学部が設置されたのは世界初のことでした．当時の日本人は「科学と技術」と捉えたのではなく，当時最先端の科学・技術を制度ごと移入して，「科学技術」として理解しました．これこそ現在に続く日本の科学技術観の始まりと言えます[21]．

21　渡辺正雄『日本人と近代科学―西洋への対応と課題―』岩波書店，1976．ただし，「科学技術」という言葉そのものが最初に公式に用いられたのは，1940年に全日本科学技術団体連合会ができたときであり，この言葉は日中戦争下での「新体制」において多用されていった．

補章のまとめ

① 科学の基本的な考え方は古代ギリシアで生まれた．

② キリスト教では，理性を用いて神の意志である自然法則の解明が目指された．

③ 産業革命を経て科学と技術の結びつきが強まり，科学技術が社会的に制度化されていった．それとともに，科学者（scientist）や技術者（engineer）の職業化・専門化が進んだ．

④ 20世紀の2度の世界大戦を通じて，国家は科学技術政策をますます重視するようになった．

⑤ 日本でも明治維新とともに科学技術の制度化が進められた．

| Column | 社会と無関係の
科学技術教育（STEM 教育）は可能か |

　歴史的な知識は不要ではないか，と思う人がいるかもしれません．実際，科学技術の教育をめぐっては，そのような主張が繰り返されてきました．最近注目を集めている STEM 教育もその一つです．

　STEM は "Science, Technology, Engineering and Mathematics" つまり**「科学，技術，工学および数学」**から取られた頭文字語で，これらの学問領域を包括的に扱うものです．STEM 教育は初等教育から高等教育までの広い範囲に適用されるもので，日本で 2002 年度から開始された理数教育振興政策「スーパー・サイエンス・ハイスクール」に似たものです．もともとは 1990 年代にアメリカで，BRICs 諸国の急速な経済発展により国際競争が激化する中で，米国の競争力優位を確実にするために**科学技術開発の競争力**を高める目的で提唱されました．アメリカ社会の課題である労働力開発や移民政策とも関連しています．

　STEM 教育は，学習者がこれらの領域を集中的に学習するため，従来の教育課程（カリキュラム）よりも有効であると主張されますが，その主張に対する批判や反論も数多くなされています．

　一つは，第二次大戦以降，アメリカで STEM 教育に似た取り組みが繰り返し行われているにもかかわらず，それらが失敗に終わっているという指摘です．

　もう一つは，STEM 教育が仮に有効であるとしても，単独で考えるべきではなく，**社会が持つ多様な側面**を考慮し，現実の社会の中で考えるべきだという指摘です．STEM 教育そのものではありませんが，例えば UNESCO（国連教育科学文化機関）および ICSU（国際科学会議）は 1999 年の「科学と科学的知識の利用に関する宣言（Declaration on Science and the Use of Scientific Knowledge）」の中で，科学技術と社会との関係について「社会における科学と社会のための科学（Science in Society and for Society）」を掲げています[※1]．ここでの「科学」は「科学研究の遂行と，その研究によって生じる知識の利用」なので，技術を含めた「科学技術」を指しています．日本学術会議も「科学者の行動規範」の中で，「科学者」を「人文・社会科学から自然科学までを包含するすべての学術分野において，新たな知識を生み出す活動，あるいは科学的な知識の利活用に従事する研究者，専門職業者」として，つまり理系の科学者はもちろん，技術者，建築家，そして文系の研究者までを含めて，「科学と科学研究は社会と共に，そして社会のためにある」と述べています[※2]．

　STEM 教育について日本の高等教育に大きな影響を与えている大学教育学会は「STEM（理数工系科目）ワーキンググループ」を組織して日本における STEM 教育のあり方について検討していますが，やはり，STEM 教育単独では

なく，社会に関する教育と結びつけて取り扱うべきだという考え方で一致しています．詳細は大学教育学会のウェブページ「STEMひろば」<http://daigakukyoiku-gakkai.org/site/stem/> を参照してください．

※1 文部科学省訳「科学と科学的知識の利用に関する世界宣言」
　　http://www.mext.go.jp/b_menu/shingi/gijyutu/gijyutu4/siryo/attach/1298594.htm
※2 日本学術会議「科学者の行動規範」 http://www.scj.go.jp/ja/scj/kihan/

事例討論

　科学者・技術者として倫理問題により良く対処できるようになるためには，概念や方法についての知識を得るだけでは不十分であり，具体的な状況で実践的に考える訓練を重ねることが必要不可欠です．そして，そのためには事例を用いた討論がとても有効です．ここに，いくつかの事例を掲載しますので，事例討論の演習に活用してください．この他に，インターネット上の補助資料でも演習用の事例を公開しています．ニュースや類書なども活用しながら効果的な演習を進めてください．

【ウェブ資料】演習用の事例を公開しています．
http://wwwr.kanazawa-it.ac.jp/ACES/see.html#analyses

ケース・スタディとケース・メソッド

　事例討論には，ケース・スタディとケース・メソッドの2種類があります．ケース・スタディでは，事例の発端から結末までが明示されていて，それを第三者の客観的な立場から分析します．具体的状況の分析を通じて問題の原因を知り，再発防止のための教訓を学ぶことがその目的となります．これに対して，ケース・メソッドは結末が明示されておらず，特定の状況における問題解決のための行動案を，当事者の主観的な立場から検討します．具体的状況について問題点を自ら発見し，より良い意思決定の能力を実践的に養うことがその目的となります．

ケース・スタディとケース・メソッドの違い

ケース・スタディ	ケース・メソッド
事例の発端から結末までが明示されていて，それを第三者の客観的な立場から分析する．具体的状況の分析を通じて問題の原因を知り，再発防止のための教訓を学ぶことを目的とする．	結末が明示されておらず，特定の状況での問題解決のための行動案を，当事者の主観的な立場から検討する．具体的状況について問題点を自ら発見し，それを解決していくための判断力を実践的に養うことを目的とする．

本書では，倫理問題の解決能力を高めるという目的から，ケース・メソッドに重点を置いています．実際の事例か仮想事例かを問わず，セブン・ステップ・ガイドを用いてさまざまな角度から「自分ならどうするか」を考える演習を重ねてください．

　ただし，ケース・メソッドだけでは事例の客観的な分析は不十分です．客観的な分析には第三者の視点が必要です．ケース・スタディでは，「どの時点で何をどのようにすべきだったのか」や「なぜ，それができなかったのか」といった再発防止のための問題点を社会的要因も含めて客観的・多面的に分析します．ケース・メソッドとケース・スタディの両方を相補的に用いることで，倫理問題の解決や防止のための実践的な能力が高まるはずです．

事例 1．ソーラーブラインド

　「ソーラーブラインド」とは，金沢工業大学が企画・製作した仮想事例のドラマ教材です．当事者の立場から，心理や態度の問題についても考えやすいように映像ドラマとして公開していますので，ぜひケース・メソッドの事例討論に活用してください．

> 【ウェブ資料】ソーラーブラインド
> 登場人物，あらすじ，シナリオ，動画を公開しています．
> http://wwwr.kanazawa-it.ac.jp/ACES/docs/sb_movie.html

【ソーラーブラインドの製品概要】

- 外資系の Cross Side Electronics（CSE）社の太陽電池を TANAKA ブラインド社のブラインドに貼り付け，それをスマートシステム電器産業（スマート電器）が開発するコントロール・ユニットで制御する．
- ブラインドの制御と接続する家電製品への供給電力の安定化などを担うコントロール・ユニットがシステムの中心となる．小型軽量化するため，内部回路の発熱対策などに工夫が必要とされる．各種自動制御機能は組み込みソフトで制御する．コストダウンの要求から高規格部品の使用は難しい．BRICs 諸国への販路拡大も視野に入れており，今後さらなるコストダウンが必要となる．

登場人物

スマートシステム電器産業株式会社（バッテリー会社：日本の中小企業）

• 真田智也	コントロール・ユニット開発のチームリーダー ハードウェア担当
• 石川直幸	開発課長，真田の上司
• 細谷隆志	真田の先輩，年功序列的にはリーダーになるべき存在 プログラム担当
• 金城望	入社二年目の新米技術者，真田の直属の後輩 ハードウェア担当
• 吉田	真田の同僚 プログラム担当
• 守衛	

Cross Side Electronics Co., Ltd.（CSE）（ソーラーパネル会社：外国の大手企業）

• 渡辺一郎	CSEのソーラーブラインド事業推進責任者
• ローレンス・ウォーカー （Lawrence Walker）	CSEのジェネラルマネージャー，渡辺の上司

TANAKAブラインド（ブラインド会社：ブラインド製造の日本企業）

• 田中明宏	TANAKAブラインドの担当者，女性の部下とともに会議に出席
• 女性	TANAKAブラインド社員

開発日程と出来事

昨年3月下旬	CSEでの三社会議	CSEが幹事社としてTANAKAブラインドとスマート電器に共同開発を呼び掛けてプロジェクトを始動し，製品開発をスタート．
昨年4月	各社にて製品開発に着手	スマート電器では，入社5年目の真田が開発チームのリーダーに抜擢され，コントロール・ユニットの開発を進める．
4月	試作品完成	生産ラインの構築および製品テストの開始．
8月	問題発生	東南アジアにあるCSE社の工場でテスト中にコントロール・ユニットが異常発熱を起こす．
9月上旬	CSEでの三社会議	9月下旬に予定している製品発表に向けて，最終確認のための三社会議を開催．

【シナリオ】

❶ Cross Side Electronics（CSE）社・会議室．昨年の3月下旬

（スマート電器産業（スマート電器）の真田と石川がCSE社に入っていく．会議室にて三社会議が始まる．出席者は，真田と石川の他，CSE社の渡辺とウォーカー，TANAKAブラインドの田中ら）

渡辺「今回，スマートシステム電器産業さんとTANAKAブラインドさんに技術提供をいただいて共同開発する，このソーラーブラインドは，これまでの戸建て住宅のみをターゲットにしてきた屋外型太陽光発電と違い，窓さえあれば，戸建・マンションを問わず，大掛かりな工事も不用で，しかも屋外型に比べてかなり低価格という，画期的な製品です．

とくに，これまで，太陽光発電の導入をあきらめていた都市部のマンション住まいの方に対しては，その設置の手軽さを強くアピールできる商品となります．このソーラーブラインドの本体は，ソーラーパネルを組み込んだブラインド部と，コントロール・ユニットからなります．電源としてはコントロール・ユニットのバッテリーがメインとなりますが，それに加え，家庭用コンセントからも電力を取り入れるハイブリッド方式を採用します．そのため，安定した電力供給が可能となります．

このブラインドは連結可能で，大きな窓では連結することで発電量を増やせます．また，このブラインドは設定によって自動制御されます．例えば，不在モードのときは，人感センサーで不在を感知し，発電量が最大となるよう，ブラインドの角度を自動で調整します．

実売価格として，8万円．まずは日米欧の市場に投入し，さらなるコストダウンを実現して，将来的にはBRICs諸国にも販路を拡大していきたいと考えております」

（三社会議が終わり，雑談に）

渡辺「ブラインド部分はTANAKAブラインドさん，コントロール・ユニット部はスマート電器さんの技術協力なしでは，この製品は完成しません．よろしくお願いします」

石川ら「はい！」

田中「ブラインドが勝手に動いて発電する時代になるとはねぇ，石川さん」

石川「えぇ，世の中，どんどん技術は進んでいますからね．もちろん，何と言ってもCSEさんの技術力のおかげです」

渡辺「それに，スマート電器さんの低コストのバッテリーと昇圧器の小型化技術があれば実現できるはずです」

石川「ありがとうございます．絶対に成功させましょう！」

田中「あぁ！（真田の肩を叩きつつ）頼むよ！」
真田「はい！」
渡辺「お願いしますよ！」

2 居酒屋．三社会議の夜

石川「（あくびを噛み殺しつつ，座りながら）それにしても，ああいうところは肩がこるなぁ」
真田「ほんと，疲れましたね」
石川「あぁ……」
　　（石川の携帯電話からEメールの着信音「父ちゃん，メールきたよー！メールきたよー！」）
真田「娘さんですか？」
石川「（メールを見ながら）そ，そうなんだ」
真田「そろそろ小学生でしたよね？」
石川「あぁ，妻がお受験を考えていてね．ローンもこれからだというのに……おい，それより，これから来年の夏の発表まで，一年半ほど……もっときつくなるぞ」
真田「はい」
石川「とくにコントロール・ユニットの昇圧部分をあと30％は小型化する必要がある」
真田「ええ，明日から始めます」
石川「それと，今回先輩の細谷でなく，お前にチームリーダーを任せたのは，お前に成長してもらいたいという事だ．期待してるぞ！」
真田「はい！精一杯やらせていただきます」

3 スマート電器社内の開発課・製作室．昨年の4月から（今年の）4月

　　（コントロール・ユニットの回路設計に着手した真田と後輩の金城）
金城「ここの回路，けっこう熱くなる可能性がありますよね．どう回すのがいいんでしょうか」
真田「う〜ん．万が一もあるから，排熱もきちんと設計しとかないといけないなぁ．でもコストを考えて……」
　　（コントロール・ユニットの回路設計を進める二人．昨年夏・嵐の夜）
守衛「真田さん，これからまだ台風がひどくなるみたいなんで，もうそろそろ今日は帰られた方が……」
真田「（金城と会釈をしつつ）まだやることがあるので．毎晩遅くまですみません」
　　（コントロール・ユニットの回路設計を進める二人と，制御プログラムの開発を担

当する先輩の細谷．昨年秋）

細谷「モードが頻繁に切り替えられても大丈夫か？」

真田「はい．一応，安全には設計してあります」

細谷「一応じゃ困るんだよ．しっかりやってくれよ」

真田「すみません，いや……大丈夫です」

（年末年始のころも夜遅くまで開発作業を続ける真田ら）

（1年が過ぎ，今年4月．コントロール・ユニットに接続された扇風機が動き出し，歓声を上げる真田ら）

吉田「うぉ～，ヤッタ～！ やりましたね！」

金城「いい感じですね」

吉田「後の課題はバイメタルパーツだけだな」

石川「（満足げに）一応これで，目処が立ったな」

細谷「いけそうですね」

真田「この一年間，がんばった甲斐がありましたよ」

吉田「（少しおどけた口調で）がんばりましたねぇ……」

4 同・製作室および設計室．8月

真田「金城さんも聞いて下さい．CSE社の東南アジア工場で，うちが納品した試作品のコントロール・ユニットが不在モードで作動中，異常発熱をし，それを触った人が軽いやけどを負ったそうです」

一同「！！！」

真田「ブラインドを10個連結して使用していたとのことですが，はっきりしたことはまだわかりません．高温多湿な環境が原因で，配線かバッテリーに問題が生じた可能性があります」

細谷「早急に調査して報告する必要があるな」

真田「はい」

金城「（真田と同時に）はい」

真田「細谷さんと吉田くんはプログラムコードにバグがないか，再チェックをしてください」

吉田「はい」

真田「金城さんはぼくと一緒に回路の調査をお願いします」

金城「はい」

（調査を進める真田ら．数日が経過する）

金城「これですべてチェックしました．回路的な問題点は，なさそうですね」

真田「細谷さんのところでバグがあるのか，ブラインド部分の問題か，あとあるとすれば部品の質の問題か……これでは，報告書には不明とまとめるしかないよな．もう少し日数があれば……」
金城「仕方ないですよ，明後日が期日ですから．正直に報告しないと」
　　（真田が，製作室の隣りの設計室に入ってくる）
真田「吉田君，何か手がかりは見つかりましたか？」
吉田「見つかりませんねぇ」
細谷「(不機嫌そうに) こっちには何も問題がないから，そっちに問題があるんじゃないか？」
真田「……」
細谷「早く問題点を見つけてくれよ」
真田「すみません．ただ，こちらにも問題点は見つからないんです」
細谷「プログラムが悪いと言うのか？」
真田「いえ，そういう訳ではありませんが……」
細谷「しっかりやれよ．お前，リーダーだろ！」
真田「(何か言いかけるが) すみませんでした (部屋を出ていく)」
石川「(少したしなめる口調で) 細谷！ あいつ，最近疲れてるんだ，許してやれ」
細谷「彼はリーダーなんです．今は無理をしてでも成長してもらわないと．多少のストレスは必要でしょう」
石川「まぁ，な……で，手掛かりは見つかったか？」
細谷「プログラムに問題はありません．真田の方はわかりませんが」
石川「早く問題点を明らかにしてくれないと，CSE の渡辺さんに報告できなくて困るよ．まったく」
細谷「私の方は，今日中に報告書をあげてしまいます」
石川「助かるよ」
　　（屋上の休憩場所のベンチに腰を下ろしている真田）
真田「(モノローグ．何かを記したレポートに目を落としながら) これじゃ，やはりゴマかしだ．調査期日の延期を相談しよう」

5 同・設計室．その日の夜

　　（終業時刻を過ぎ，細谷，吉田が退社する）
石川「(作業着を脱ぎつつ) よ～し……(俺もそろそろ帰ろう)」
真田「あの……石川さん」
石川「手こずってるのか？」

真田「はい……」

石川「細谷の報告書では，プログラムに問題はないということだが，やはり回路の問題か？」

真田「もしくは，ブラインドの方の問題ということはないでしょうか．仕様書通りだとしたら，異常な発熱は起きないと思います」

石川「証拠はあるのか？」

真田「ありません」

石川「やはり，回路の問題だろう．早く問題点を見つけてくれよ」

真田「今回は，製品化に向けて大幅にコストカットをしています．その分，部品なども質を下げています．もしかしたらそれが原因かもしれません．信頼性の高いものに変えたら」

石川「（話を遮り，あきれ気味の口調で）おいおいおい．そんなことしたら，コントロール・ユニットは一回り大きくなるだろう．価格の方はどうなるんだ？」

真田「少なくとも2万円は上がります．それに，発売の時期も延期せざるを得ないでしょう．ただ，それで高温多湿で絶対安全かと言われると……」

石川「10万円……売れなくなるだろ」

真田「……」

石川「原因は，高温多湿にあるというのは確かなのか？」

真田「それも正直なところ……」

石川「問題は再現したのか？」

真田「サウナのような条件下なら，回路はショートしてしまいましたが．あの……もう少し日数をかけてチェックできれば」

石川「まったく……渡辺さんになんて伝えたらいいんだ，今日もメールが来てたんだぞ．外資系の中でもあの会社は，とくに納期にはシビアなんだ」

真田「しかしこれは，先方に正直に報告して，期日を延ばして厳密に調査をした方がいいのではないでしょうか」

石川「正直にって，わかりませんってことを正直にか？それとも，証拠もなく，渡辺さんの方に問題があるんじゃないですかってか？」

真田「いえ．ですが……」

石川「（話を遮るように）とりあえず，適当な理由をつけて，現状で問題ありませんと報告書を書くしかないな．しかたがないだろう．今晩中に報告書を仕上げておいてくれ．今日は娘の誕生日で，早く帰らないといけないんだ」

6 同・設計室．翌朝

真田「（元気なく）報告書です．よろしくお願いします」
石川「ご苦労様」
真田「……」

7 同・製作室．その日の午後から翌朝

　　（一人で調査を再開する真田．真夜中）
真田「（突然オシロスコープに異常波形が現れる）これは！」
　　（翌朝，金城が出勤してくる．真田は徹夜で調査を続けている）
金城「（出勤してきて，扉を開けながら廊下の誰かに声をかけてから）おはようございます，真田さん！」
真田「おはようございます」
金城「今日も泊まりですか？……何かあったんですか？手伝いましょうか？」
真田「……いや，大丈夫」
金城「わかりました……（気を取り直して明るく）着替えてきます！」
真田「……」
金城「……（怪訝そうに真田を見る）」

8 同・屋上の休憩場所

　　（一服中の細谷に真田が話しかける）
真田「実は，不在モードのときに，極めてまれですが，問題が生じる可能性があるのではないかと思います」
細谷「それは確かなのか」
真田「はい．条件をそろえるのが難しく，再現はできていませんが……昨日の晩，突然，電圧の変換部分で波形の乱れが生じました」
細谷「それは，回路の問題じゃないのか？」
真田「そうですが……」
細谷「じゃあ，お前の問題だろ」
真田「そうなのですが……どちらの問題ということは言えないと思います．それに，設計を見直すにはコストがかかりますし，発売も延期になってしまいます．難しいとは思いますが，とりあえずはプログラムだけで対処する方法を探ってみるのがいいと思うのですが……」
細谷「今さら何だよ，まったく．もう問題はなかったと報告してあるんだ．石川さんは，

先方との関係で本当に苦労している．我々だけでどうにかしよう．なんとかして，製品化の前に書き換えておく」

9 同・設計室．その日の夜

　　（終業時刻を過ぎている．金城が退社し，真田と石川の二人のみ残っている）
石川「今日も残業か？」
真田「え，あ，はい」
石川「渡辺さんには，もう，問題なかったと報告しておいたよ．お前も今日は早く帰れ」
真田「あの……今回の問題についてですが」
石川「もうそのことにはこだわるな．三週間後にはもう製品発表だ」
真田「石川さん！ 問題を解決しないまま製品化すべきではないと思います．来週の社内会議で延期を検討すべきではないでしょうか」
石川「はぁ！？ だったら，きちんと解決してくれよ！もう製品を発表する段階なんだぞ．そんなこと言えるわけがないだろ」
真田「しかし事故が起こってからでは……実は昨日，一度だけ電圧の乱れが生じました．もしかしたらそれが発熱の原因かもしれません」
石川「なに！……発熱はしたのか？」
真田「いえ，そこまでの確認はとれていません．ですが……」
石川「（遮るように）万が一があるのはしかたがない．何があっても問題の起こらない機械なんてないんだ．結局は，市場に出てからユーザー対応していくものなんだよ．それに今そんなことを言ったら会社の経営にどんな影響が出るかわからないぞ．それだけの責任を，君は取れるのか？」
真田「いや……ですが……」
石川「わかった．もういい……来週の社内会議で相談してみよう」

10 同・製作室前の廊下．翌週

　　（社内会議出席者一同がぞろぞろと会議室から出てくる．）
真田「（重役らが去ってから近寄り）石川さん，話していただけましたか？」
石川「あぁ（あえて何も言わない）」
真田「で，どうなったんですか？」
石川「（開き直った感じで）延期はしないことになった」
真田「えっ！？ どうしてですか！？」
石川「会社が決めたことだ」
真田「やっぱり……やっぱり良くないですよ！！」

石川「(真田の言葉を遮って) いいんだよ！決まったことに口を出すな」

11 同・屋外の休憩場所．最後の三社会議の日の朝

(CSE 社での会議に出向くため石川を待ちつつ，掲示板に貼られている「今月の標語」を見ている真田)

```
今月の標語
 一 何でも話せる明るい職場
 一 挨拶で始まる今日の仕事
 一 誇れる品質　得られる信頼
```

真田「……」
　(金城がやってくる)
金城「何でも話したけど，聞いてもらえなかったんですね．問題があったんですよね？」
真田「はっきりとはわからないんだ……」
金城「でも，不安な点があるから発表を延期したいと伝えたんですよね？」
真田「会社の判断は違った」
金城「皆がんばったけど，チームリーダーとして真田さんが一番苦労したじゃないですか．私は，真田さんの判断を支持します……後悔しない結論を出してください．技術者として」
真田「……」
石川「真田，そろそろ行くぞ」
真田「はい (石川と共に去る)」
金城「…… (何かを思う表情で真田の後ろ姿を見送る)」

12 CSE 社・会議室

(三社会議出席者が，会議前に談笑している)
渡辺「(会議が始まり) スマートシステム電器産業さんと TANAKA ブラインドさんの協力により，ソーラーブラインドの発表まで……」
　(渡辺の声を聞きながら一人俯く真田)
真田「……」

[了]

参考：ケース・スタディとしての分析

「ソーラーブラインド」の事例をセブン・ステップ・ガイドで実際に分析してみて，どのようなことに気づいたでしょうか．再発防止策を考えるための参考として，ここではコントロール・ユニットが異常発熱を起してから製品発表前の最終会議までのあいだの真田の行動を，四つの観点からケース・スタディとして分析してみましょう．

① 組織の一員としての責任と配慮

組織の一員としての技術者という視点から，真田の同僚との**コミュニケーション**のとり方を分析してみましょう．

まず，重要な提案や報告を持ち出す真田のタイミングはどうだったでしょうか．上司の石川への報告や提案は，いつも他の人たちが帰ってから行っています．石川の子供の誕生日にすらそうです．真田と石川の居酒屋での会話からは，真田は石川の子供の情報をある程度知っていると思われます．また，トラブルの原因らしい異常に気づき，それを細谷に告げたのは，休憩中でした．相手への配慮が不足している可能性はないでしょうか．

次に，組み込みソフトウェアの修正で対応したいという提案はどうでしょうか．提案すること自体が不適切とは言えませんが，細谷の「我々だけでどうにかしよう」という発言に異を唱えなかったことは適切でしょうか．二人とも**責任感**があり，CSEへの対応に追われている上司の石川に配慮しているのでしょうが，「我々だけで…」で本当に責任を果たしていると言えるのか，それが本当の配慮なのか，考えてみてください．行き当たりばったりのプログラム修正は，さらに大きな問題へと発展しかねません．

また，調査を進める真田に金城が手助けを申し出ているにもかかわらず，真田はそれを拒みました．負担を増したくないという思いやりかもしれませんが，これに限らず，真田は暗黙のうちに「自分が何とかするしかない」と考えていたように思われます．責任感は大切ですが，責任を果たすことと**仕事を抱え込むこと**は違います．

こうしてみると，真田は，開発チームの一員として，とくにチームリーダーとして十分な責任を果たしていたと言えるでしょうか．技術者には，専門的な技能を有しているだけでなく，コミュニケーション能力なども求められています．専門的な技能は持っていて当然であり，他の社会的・倫理的な能力もおまけではなく専門的な技能と同じくらい重要です．

公益通報についても考えておきましょう．終盤の金城と真田の会話の雰囲気からは，二人のいずれかが公益通報を行う可能性が感じられます．職務を遂行する過程では，公益通報が責務となることもあります．1章で解説したように，公益通報者保護法もあり

ますが，実際には公益通報者が「内部告発者」として所属組織を追われるなどの大きな不利益を被ることもあります．それでも，公益通報のことを公益のために自己犠牲を省みず正義を貫く英雄的行為と見ることはできるかもしれません．しかし，公益通報は，所属組織に大きな損害を与え，何も不正行為をしていない大勢の同僚やその家族の生活を脅かします．さらには，風評被害などを招いて，守りたかったはずの公益を結果的に損なうこともあります．拙速な公益通報は問題の解決にはなりません．少なくとも公益通報者保護法の保護要件を十分に満たすまでは専門家として最大限に善処することが必要です．その上で，公益通報が責務として求められる状態になれば，それを冷静に実行しなければいけません．

② 「因果関係がわからない」という報告書は書けないのか

　異常発熱の原因調査報告書を CSE に提出する際に，真田は報告期日までに原因を特定できなかったため，正直に原因不明と報告することを上司の石川に提案しました．すると石川は，わかりませんでしたなどと報告できない，報告書には現状では問題なしと書け，と指示しました．

　ここでの論点は原因の特定です．システムが複雑になればなるほど，不具合や故障の際にその因果関係を完全に特定することは難しくなります．原因らしいものがわかっていても，もしかすると主要な原因が他にあるかもしれません．そうすると，責任の所在が大きく変わることもあるため，誤った帰責を避けるためにも憶測はできるだけ排除したいと思うかもしれません．

　しかし，**因果関係**を明らかにできないとしても，**相関関係**に基づいて可能な対策を予防的に講じることは可能です．分析がきちんと整理されていれば原因不明という報告書は有益です．再現を試みた回数などから同様の不具合の起こる確率を統計的に見積もったり，不具合の要因を推定して予防的な対策を講じたりして，それを報告すれば良いのです．そうすれば，むしろその誠実な対応が評価され，部品メーカーとしての信頼が増すのではないでしょうか．原因の特定には時間を要することも多く，問題を早期に改善するためには相関関係での対応が求められます．

③ 「何があっても問題の起こらない機械なんてない」は，その通りだが...

　異常発熱の原因かもしれない電圧の乱れに気づいた真田は，上司の石川に製品発表の期日を延期してでも問題解決を図るべき，と進言しました．それに対して，石川は「万が一があるのはしかたがない．何があっても問題の起こらない機械なんてないんだ．結局は，市場に出てからユーザー対応していくものなんだよ」と応じます．パソコンのソフトウェアなどでは，確かに市場に出してからのユーザー対応がアップデートという形

でなされています．それでは，ソーラーブラインドの場合はどうでしょうか．

日本では，消費者保護の観点から**無過失責任**という考え方に基づく**製造物責任法（PL法）**が定められています．PL法は製造者（この場合はスマート電器）に，製造物（コントロール・ユニット）の**特性**や**通常予見される使用形態**などを考慮して，通常有すべき安全性を有していることを求めています．コントロール・ユニットの異常発熱については，原因かもしれない電圧の異常が認識されているため，市場に出る前に対応できる可能性があります．それにもかかわらず製品発表の予定を優先し，きちんと問題を対処せずに製品化した場合には，ユーザーに被害が生じれば賠償責任を問われる可能性が高いでしょう．

「発熱注意」のような注意書きを取扱説明書に明記するという行動案を考えた人も多いかもしれません．そもそも自分に決定権はなく，自分が書き換え作業をする訳でもないので，CSEなどをどのように説得して，どのように改訂作業を進めていくかという問題があります．しかし，それができたとして，その注意をどのように記載すれば良いかという問題もあります．

コントロール・ユニットの特性を踏まえて，どのような使用形態が予見されるかを考えてみましょう．**特性**としては，小型軽量なこと，ブラインドを複数接続可能なこと，安価なこと，などがあげられます．これらの特性から**使用形態**を考えると，コントロール・ユニットが設置される場所は多岐にわたり，コントロール・ユニットにかかる負荷もさまざまであろうと考えられます．安価なことから，例えば乳幼児のいる若い夫婦で，環境問題への意識は高いが経済的な余裕がそれほどないユーザー層を引きつけることも推測できます．発熱や感電は大惨事を招く恐れがあるため，熱がこもりにくい場所で使うことや，水のかかるところに設置しないこと，などの注意書きは必要でしょう．しかし，注意書きをすれば十分でしょうか．小さな子供は説明書を読めるでしょうか．そもそもあなたは，使用している家電製品の説明書をきちんと読んでいますか．多様なユーザーの視点から使用形態の可能性を想像できなければ，公衆の安全を十分に守ることはできないでしょう．

また，異常発熱の**発生確率**がほとんどゼロに近いことが予想される場合でも，**販売数**がどれほど大きくなるかを考慮する必要があります．このソーラーブラインドでは，将来的にはBRICs諸国への販路拡大も予定されています．確率としてはわずかでも，販売数が増大すれば，異常発熱の発生件数も相対的に増加します．例えばiPhoneでは一つのモデルが全世界で何千万台も売られます．そのような製品の内部に目を向けてみれば，各社のさまざまなモデルに共通して使われる部品やユニットの数は億単位になるでしょう．そうすると，不具合の確率が100万分の1だとしても何百件もの不具合が発生することになります．そうした不具合が，やけどするほどの異常発熱だったらどうでしょ

うか．**リスク評価**では，確率・統計の数字は**絶対数**で評価しておく必要があります．さらに，そのリスク評価が妥当だとしても，そのことをユーザーが納得しているか，納得してもらうための情報をきちんと伝えられているか，という社会的合意にも配慮する必要があります．

④ グローバル化が進む今日の状況をどのように考慮するか

「外国」や「海外」という言葉に端的に現れていますが，日本に暮らす私たちにとって，他の国々は「海の向こうの国」です．また，私たちは日本語という自国だけの特殊な言語を利用しています．そのせいでしょうか，私たちはグローバル化の進展について頭ではわかっていても，十分に実感を持って対応できていないようにも思えます．しかし，諸外国の多くは陸続きで国境を接しており，言語も近いため，それらの国の人々は，私たちが県境を越えて移動するように，気軽に国境を越えて「外国」と行き来しています．

グローバル化が進んだ今日では，否応なく諸外国の人々と協力していくことになり，そのためにはさまざまな風土や文化の違いに対応していく必要があります．CSE は外資系企業ですが，皆さんは CSE の本社がどこにあると想像していましたか．ジェネラルマネージャー（ウォーカー）も欧米系ですし，欧米を想像していた人は多かったのではないでしょうか．しかし，少なくとも今日のモノづくりにおいて，外資系＝欧米系という図式は古いステレオタイプに過ぎません．アジア地域が「世界の工場」と称されていることを思い出してください．CSE がアジア系の企業だったら印象は変わるでしょうか．

東南アジアの国々は陸続きで国境を接していて，大勢の人々が毎日国境をまたいで往来しています．例えば，シンガポールはマレーシアと陸続きで，歩いたり自動車に乗ったりして国境を越えることができます．毎日マレーシアからシンガポールに通っている労働者が大勢いて，朝夕のラッシュ時には国境が渋滞するほどです．そのような東南アジア諸国に対して，私たちは「東南アジア諸国は暑くてじめじめしていて，生活環境が日本と比べて劣悪だ」という偏見を持ちがちです．数十年前はそうだったかもしれません．また，現在でも，田舎に行けばそのようなところはたくさんあります．しかし，急速に経済発展が進んだ結果，各国の大都市の環境は日本とほとんど変わらないか，日本よりも快適です．シンガポールは赤道直下の熱帯地域に位置し，年中真夏日ですが，本州の各都市のように 35 度以上の猛暑日が続くことはありません．シンガポール人が夏に日本に来ると，暑さに耐えられないと言うほどです．コントロール・ユニットの異常発熱が生じたのは，東南アジアの工場でテストをしている時でした．日本よりも厳しい条件で発熱したと思った人が多いのではないでしょうか．しかし実際は，日本の夏の暑さの方が東南アジア諸国の夏よりも厳しいのです．

また，日本人は手先が器用で几帳面だとよく言われますが，他国のモノづくりは日本

に比べていい加減，という偏見になっていないでしょうか．例えば，顧客から部品 1,000 個の注文が来たとしましょう．日本の企業は 1,000 個ぴったり納入されることを求めます．少ないのは論外ですが，1,001 個が納入された場合にも，納入個数の誤りとみなされ，不具合として改善を求められることがあります．

　外国には，コストと効率の観点から，個数を重量で計っている部品メーカーもあります．そうしたメーカーは，例えば 1 個 1 グラムで誤差が ± 0.005 グラムだとすれば，1,000 個の注文が来たら統計的に計算して少し重めに，例えば 1,002 グラムに相当する個数を出荷します．そうすれば，1,000 個未満になることはありません．数個程度だけ多く納めることになっても，出荷作業の省力化によるコスト削減額がその数個の金額を上回るので損失にはなりません．顧客の側としても，納入個数不足にはならないし，最終的にその部品の価格が下がれば調達価格の抑制につながります．しかし，多くの日本の企業は，それではいい加減過ぎると考えているようです．

　日本のモノづくりは確かに精密ですし，それが品質の高さにつながっていることは事実です．しかし，それによって他国のモノづくりまでが日本に比べていい加減，ということにはなりません．そのような文化的な偏見は，他国に対して悪い先入観につながりかねません．

　以上のように，真田の行動をケース・スタディの観点から分析すると，異常発熱の問題が発生してからもいろいろと行動すべきことがあり，それが可能であったにもかかわらず，そのように行動していなかったことがわかります．皆さんが真田の立場から考えた行動方針は，多面的で深い分析ができていたでしょうか．セブン・ステップ・ガイドのステップ 7 では，このようなケース・スタディとしての考察も求められています．

事例 2．STAP 論文問題

　2014 年 1 月末に出版された世界的な科学雑誌 *Nature* に STAP 現象の存在を実験的に確認したとする論文が掲載されました．この STAP 現象とは，細胞に弱酸性溶液を用いた特定の細胞外刺激を与えることで多能性が得られるというものです．これと同時に，論文の筆頭著者である理化学研究所（理研）・発生・再生科学総合研究センター（CDB）[1] の小保方晴子・研究ユニットリーダーや，共著者の笹井芳樹・CDB 副センター長らが

1　STAP 論文問題を踏まえた改革として，現在は「多細胞システム形成研究センター」へと再編されている．

記者会見を行い，社会的に大きな注目を集めました．

しかし，この論文の作成をめぐっていくつかの不正疑惑が指摘され，他の研究者もSTAP現象の再現実験に成功できませんでした．そのため，研究論文の疑義に関する調査委員会が組織され，3月末にその調査報告書が提出されました．この報告書では，異なる実験画像の切り貼りと博士論文に酷似する画像の使用が，それぞれ**改ざんと捏造の研究不正行為**に当たると結論づけられました[2]．また，研究不正行為とは認定できないものの，他の論文からの引用の不備や，実験ノートの記述不足などのデータ管理のずさんさも指摘され，またチェック機能を果たしていなかった共著者たちの過失責任の重大さも指摘されました．この結論に対して，小保方氏は4月上旬に記者会見を行い，悪意のない間違いであるため研究不正行為ではなく，STAP細胞は存在しており，200回以上作製に成功していることなどを主張しました．

この両者の主張や対応にはさまざまな社会的反応がありました．代表的なものの一つは，論文の記載には不正行為があってもSTAP現象そのものの存在が否定されたわけではなく，STAP現象が事実であれば研究の正しさが認められるのであり，大きく問題化し過ぎているといったものでした．この批判には，**科学的方法**と**新事実発見**のどちらが社会的に重視されるかという価値観の対立がありました．また，筆頭著者の責任ばかりが追及されて，**共同研究者**や**所属組織の責任**が十分に追及されていないという批判もありました．

【問題1】

このSTAP論文問題の事例について，行動案を考える対象を一人設定し，さらに行動を考える時点を決めてください．例えば，STAP論文の筆頭著者についてSTAP現象の研究に着手した時点，という選択もありますし，理研の理事長についてSTAP論文の不正の疑いが報道され始めた時点，という選択もあります．対象とする当事者と検討する時点の選択によって，考慮すべき問題点や行動案は異なってきます．そして，セブン・ステップ・ガイドのステップ1から6を通じて，この問題の事実関係やステイクホルダーを分析・整理し，自分の選択した当事者の行動方針を決定してください．

【問題2】

次に，ステップ7として，STAP論文問題の再発防止策を考えてみましょう．理研の求めで設置された外部有識者による改革委員会が，2014年6月に再発防止のための提

---

2 研究論文の疑義に関する調査委員会「研究論文の疑義に関する調査報告書」2014年3月31日．http://www3.riken.jp/stap/j/f1document1.pdf

言書を発表しています．この提言書では，理研やCDBの組織としての構造的欠陥も含めて問題発生の原因が分析されています．この分析や5章なども参考にしながら，STAP論文問題の原因をさまざまな側面からケース・スタディとして分析し，研究不正の再発防止策を考案してください．

STAP問題発生の原因

① CDBは，小保方氏の資質と研究内容について客観的資料を基に精査する通常の手順を省略して小保方氏を採用した．その背景には，iPS細胞研究を凌駕する画期的な成果を獲得したいとの理研CDBの強い動機があったと推測される．

② STAP論文は，生データの検討を省略し，他の研究者による研究成果の検討を省略して拙速に作成された．

③ 小保方氏の研究データの記録・管理はきわめてずさんであり，CDBはそのようなデータ管理を許容する体制にあった．

④ STAP問題の背景には，研究不正行為を誘発する，あるいは研究不正行為を抑止できない，CDBの組織としての構造的な欠陥があった．

⑤ 研修の受講や確認書提出を義務化しながらもそれが遵守されておらず，かつ不遵守が漫然放置されている．

⑥ 実験データの記録・管理を実行する具体的なシステムの構築・普及が行われていない．

⑦ 理研本体のガバナンスにおいて研究不正防止に対する認識が不足している．

⑧ 理研のガバナンス体制が脆弱であるため，研究不正行為を抑止できず，また，STAP問題への正しい対処を困難にしている．

研究不正再発防止のための改革委員会「研究不正再発防止のための提言書」2014年6月12日．
http://www3.riken.jp/stap/j/d7document15.pdf

事例3．夢の抗がん剤!?
― 兼業，企業からの寄付，臨床研究 ―

製薬企業との産学連携に関する次の事例を読み，利益相反について解説した6章を参考にしながら行動案を考えてみましょう．

【事例】

「百万石製薬が開発した夢の抗がん剤「ガンナオーレ」がいま，医療健康保険システムと国家の財政を破壊させる」という記事がインターネットに配信された．

今までガンは不治の病と言われてきたが，最近は早期発見早期治療が浸透し，その生存率は高まっている．それでも治療の施しようがない症例もなくなってはいない．

　しかし，この「ガンナオーレ」が発売され健康保険対象となって以来，ガンに苦しむ人の半数には光明が差したことは疑う余地がない．例え効果発生率が5割程度だったとしてもである．

　これまでのガン治療薬と，この「ガンナオーレ」は根本的に効き方の仕組みが異なる．通常ガン細胞と戦うのは免疫細胞だが，ガン細胞は免疫細胞に攻撃されないような物質を作ることができる．そのためガンは進行する．しかし，「ガンナオーレ」はその，ガン細胞の出す「攻撃されなくなる物質」を無力化できるのである．つまり，患者の持つ免疫力によってガンを叩ける夢の薬なのである．しかし，いくつかの弱点がある．一つは進行性の速い病状には効きにくい．進行の速さに免疫力が追いつかないからである．

　また，強烈な副作用を起こす可能性がある．この「ガンナオーレ」を使用した後に他のガン治療薬を使用したところ，少なくとも今まで8名が重篤な副作用を発症，そのうちの3人は命を落としているという報告があった．またそのほかにも，劇症型糖尿病になった例もあった．加えて，「ガンナオーレ」の投薬回数を重ねると甲状腺を悪くする人が頻出することもわかっている．

　それでも，ガン患者にとってみれば生存確率が50％ある以上，使ってみたいと思うのは当然であった．そのままにすれば死に至るわけであるから．

　「ガンナオーレ」にはもう一つ問題があった．価格である．この薬の「薬価」は100 mgで73万円．20 mgで15万円．体重60 kgの患者に対して1回180 mg投与する必要がある．つまり，1回の投与で133万円，それを2週間に1回1年間使用し続けると，なんと年間3,500万円かかることになる．しかし，健康保険の高額療養費制度を使えば，患者は年間100万円〜200万円ほどの負担で済む．一方で，保険事業者はその差額3,300万円〜3,400万円を負担しなければならない．現在，肺がんでの死亡者は年間6万人．仮に全員に「ガンナオーレ」を投与すると2兆円かかる．現在の日本の医療費はすでに40兆円を超えている．これは国民全体の負担になり，健康保険制度はもとより，高齢化の進む日本では国家財政の破綻を早々に招くことに直結してしまう．

…という内容だった．

【問題】

　あなたはこのガン治療薬「ガンナオーレ」を百万石製薬から得た研究資金によって共同開発した医科大学の教授です．社外取締役としても同社に籍を置いています．ある日，厚生労働省から，「この薬の価格を下げる必要があるので，その仕組みづくりを検討する委員会に参加してくれないか」と打診を受けました．①医師として国民の健康的な生

活を確保する義務があります．また，②この薬の開発者でもあり臨床の専門家としての責務もあります．その一方で，開発者としての立場から機密情報をどこまで公開してよいのでしょうか．加えて，③企業の社外取締役，さらに④医師の卵を教育する教育者としての立場もあるでしょう．あなたには，これら複数の社会的立場からの判断を求められています．

委員会には，どのように返事をしますか．上記①〜④それぞれの社会的立場からの分析を踏まえて，最終的な行動方針を決定してください．

事例 4．ペトロナス・ツインタワーの建設

公衆の安全・健康・福利が実践された事例として，ペトロナス・ツインタワーの建設の事例があげられます[3]．この事例は，2章のコラムで解説したデザイン思考の好例とも言えます．

【事例】

ペトロナス・ツインタワー（クアラルンプール，マレーシア）

撮影：栃内文彦

3　この事例の記述は，「世界で一番高いビル」『日経サイエンス』1998年3月号，pp. 51-61. に基づく

事例討論　　175

ペトロナス・ツインタワー[4]は，マレーシアの首都クアラルンプールに建つ，88階建て，高さ451.9メートルの超高層オフィスビルです．1996年の竣工[5]当時は世界一の高さのビルでした．米国のシーザー・ペリ＆アソシエーツ社が設計し，一方のタワーは日本の大手ゼネコンである（株）間組（以下，ハザマ）[6]が施工し，もう一方のタワーは韓国のサムスン建設が施工しました．

　33万平方キロメートルあまりの国土に約3千万人[7]が暮らすマレーシアは，65％がマレー系（イスラム教），25％が中華系（仏教など），10％がインド系（ヒンズー教など）という多民族多宗教国家です．イスラム教を国教としていますが，1960年代の人種・宗教対立を経て調和・寛容・多様性の尊重という価値を重視してきました．このため，グローバル化が進む今日，イスラム圏の窓口として機能する国の一つとして注目されています．また，マハティール元首相によって始められた「東方政策」のもと，80年代以降は日本などの長所を批判的に検討しながら取り入れてきました．そのため親日的な雰囲気が醸成され，日本の製造業も多数進出して，マレーシアの経済発展に少なからず貢献しています．90年代には，2020年までに先進国入りするという「ビジョン2020」が掲げられ，急速に経済を発展させました．

　このような社会的背景を持って建てられたツインタワーは，東京タワーや霞が関ビルが日本で特別な意味を持っているように，マレーシアでは特別な意味を持っています．ツインタワーの設計で求められたのは，次の2点でした．

① イスラム教を国教とする多民族国家の首都に建つランドマークとして，人々が首都クアラルンプールとマレーシアのアイデンティティーを認識できる場を作り出すこと
② 2020年の先進国入りを目指すマレーシアの経済成長を象徴するものであること

　さらにこの2点に加えて，実際の建設にあたっては，次の三つの大きな技術的困難を解決することが求められました．

③ 建設予定地の地盤がビルの重量を支えるのに十分な強度を有していないこと
　予定地を覆う「ケニーヒル層」は，タワー一棟の重量30万トンの圧力に耐える強度を有していませんでした．さらに，当初案の建設予定地では，その下の岩盤が深さ15メートルから180メートル超まで急勾配で下がっていました．一般的な施工であ

4　ペトロナスはマレーシアの国営石油会社である．
5　1996年6月に竣工．翌年1月からテナントの入居が開始され，1999年8月31日に公式に開業が宣言された（ツインタワーのウェブページ <http://www.petronastwintowers.com.my> 内の"About"および"Facts"の記述による）．
6　当時．2013年に，2003年から資本提携していた安藤建設（株）と合併し，現在は（株）安藤・間．「安藤ハザマ」と呼称される．
7　2013年の統計．ツインタワーが建てられた当時の人口は約2,200万人であった．

れば，岩盤に達する杭を打って建物を支えることになりますが，この場合には杭の長さが大きく異なってきます（片側は岩盤が直接支え，その反対側に向かうほど長い杭を打って支えます）．杭は必ず縮みますが，収縮量は長さに比例します．したがって，このように建設すると，時間と共にタワーが傾いてしまいます．

④ **超高層ビルにもかかわらず鉄筋コンクリート構造とすること**

高層ビルは耐震性などを考慮して柔構造の鉄骨造りとすることが一般的です．ただし，居住性は剛構造の鉄筋コンクリート造りの方が優れています．マレーシアでは大きな地震は起きません．そのため，ツインタワーの建設にあたっては，鉄筋コンクリート造りとすることが求められました．それまで，これほどの高さの超高層ビルを鉄筋コンクリート造りで建てたことはなく，また，通常のコンクリートでは，その重量に耐えることができません．

⑤ **29か月という短い施工期間で工事を終らせること**

基礎工事が終ってから，タワー本体の建設工事がスタートしましたが，実質的な工期は29ヶ月しかありませんでした．ツインタワーは88階建てですから，単純計算でも10日で1フロアを仕上げなければなりません．

シーザー・ペリ＆アソシエーツ社とハザマをはじめとするツインタワー建設に携わった企業や組織は，これらの要求に見事に応え，ツインタワーを完成させました．携わった人々がこれらの要求に挑んだその様子を見ると，彼らが将来発生し得る問題を予測し，それらに対して発生前に対策を講じていたことがうかがえます．例えば，タワーが大きく傾く可能性については，設計に着手した当初からそれを予見し，前もって対策が講じられました．このことから，設計に組み込まれた倫理の必要性とその有効性がわかります．

【問題】

これらの5点に対して，ツインタワー建設に携わる技術者たちがどのように臨んだのかを調べ，皆さんが彼らならどうしたかを考えてみてください．

準備 Step 0：自分が当事者としてとると思う行動を想像してみよ

※ 分析に先立って，直感的に思いついた行動案を記してみましょう．

Step 2：事実関係を整理せよ

※ 問題に関連する事実関係を整理することで，思い込みや想定外をなるべく避けるように努めましょう．また，注意すべき法令や倫理綱領なども確認しましょう．

明示されている事実	
根拠の確かな事実	根拠の不確かな事実

明示されていない（確認が必要な）重要な事実	注意すべき法令・倫理綱領

「科学技術者倫理」討論シート -1-

Step 1：当事者の立場から，直面している問題を表現してみよ

※ 自分が主人公だとして，何に困っているのかを表現してみましょう．

Step 3：ステイクホルダーと価値を整理せよ

※ 自分の行動によって影響が及ぶ／自分の行動に影響を及ぼすステイクホルダー（利害関係者）をあげましょう．ステイクホルダーは事例の登場人物だけとは限りません．
※ さらにその人たちが重視している価値を整理しましょう．それがあなたの行動の評価や信頼にもつながります．価値を検討する際には倫理綱領も参考にしてください．

ステイクホルダー	重視していること（価値）

※ Step 1 で表現した自分自身の倫理問題の構造を，価値の観点から分析してみましょう．

ジレンマ（対立）	
線引き（程度）	

【ウェブ資料】この討論シートは A3 版をダウンロードできます．両面印刷してご使用ください．http://wwwr.kanazawa-it.ac.jp/ACES/docs/kit_see_ds.pdf

Step 4：複数の行動案を具体的に考えてみよ

※ Step 2 と Step 3 の分析に基づいて，自分の行動案をその方法・プロセス（いつ？どこで？どのように？…など）まで具体的に考えてみましょう．

1	
2	

Step 5：倫理的観点から行動案を評価せよ

※ Step 0 と Step 4 の各行動案に対して，エシックステストをかけてみましょう．○×△だけで評価するのではなく，（とくに微妙な判断については）評価の内容を文章でも記録しましょう．

行動案		＿＿＿＿テスト	＿＿＿＿テスト
Step 0			
Step 4	1		
	2		
	3		
	4		

特記事項

Step 6：自分の行動方針とその具体的方法を決定せよ

※ Step 5 の評価に基づいて，自分の行動方針とその方法を具体的に一つに定めましょう．上記の行動案の組み合わせになっても構いませんが，組み合わせることでより良い行動になるように工夫してください．さらに，その行動を取った理由を専門家としてきちんと説明してください．（説明責任）

「科学技術者倫理」討論シート -2-

3	
4	

＿＿＿＿＿＿テスト	＿＿＿＿＿＿テスト	＿＿＿＿＿＿テスト

Step 7：再発防止に向けた対策を検討せよ

※ このような問題が繰り返し起こらないようにするための対策を，具体的に考えてみましょう．

あとがき

　本書は，金沢工業大学の授業「科学技術者倫理」の教科書である．それと同時に，金沢工業大学の教育内容を広く社会に問うものでもある．10年余りにわたる本学の教育実績を踏まえて，他校の授業や一般読者にも教科書として十分に利用いただけるように編集した．各章の原案は，岡部（4, 6章），金光（2, 3章），栃内（事例討論），夏目（1, 5章），西村（はじめに，おわりに，補章）がそれぞれ執筆し，夏目がそれらの内容を細かく組み換えながら大幅な加筆修正を進めることで，全体的な内容の調整を行った．

　2017年に金沢工業大学・科学技術応用倫理研究所（ACES）は開設20周年を迎える※．金沢工業大学としての科学技術者倫理教育の内容をきちんとまとめて公刊することの必要性については，本研究所の金永鍾准教授などから繰り返し指摘をいただいていた．この公刊への社会的責任が，本書の出版に着手する大きな動機となった．また，平千枝子氏をはじめとする白桃書房の担当各位には，本書の構想に快く賛同いただき，こちらの注文にもきめ細かく対応いただいた．このようにして出版された本書が，科学技術者倫理教育のさらなる発展にさまざまな形で貢献していけることを願っている．本書が広く社会で活用されるようになれば，それ以上の喜びはない．

2017年3月

金沢工業大学・科学技術応用倫理研究所

夏目賢一

※ 金沢工業大学における科学技術者倫理教育の推進は，とくに札野順・本学名誉教授（現・東京工業大学教授）の先導によるところが大きかった．この経緯については，夏目賢一「1990年代の金沢工業大学における技術者倫理教育展開の歴史的経緯」『工学教育』64(1), 2016, pp.39-44. を参照してほしい．

執筆者（五十音順）

岡部幸徳（教授）
金光秀和（教授）
栃内文彦（教授）
夏目賢一（教授）
西村秀雄（客員教授）

所属は金沢工業大学・基礎教育部・修学基礎教育課程，科学技術応用倫理研究所
ただし，岡部の所属は帝京平成大学・人文社会学部・経営学科，金光の所属は法政大学・人間環境学部・人間環境学科，栃内の所属は芝浦工業大学・工学部

連絡先：金沢工業大学・科学技術応用倫理研究所
〒921-8501　石川県野々市市扇が丘 7-1
e-mail: aces@wwwr.kanazawa-it.ac.jp

本質から考え行動する
科学技術者倫理

2017年4月26日　初版発行　　　〈検印省略〉
2025年3月16日　第6刷発行

編　者　金沢工業大学・科学技術応用倫理研究所
発行者　大矢栄一郎
発行所　株式会社 白桃書房
　　　　〒101-0021　東京都千代田区外神田 5-1-15
　　　　☎ 03-3836-4781　FAX 03-3836-9370
　　　　郵便振替　00100-4-20192
　　　　https://www.hakutou.co.jp/

装丁・本文デザイン・組版　　中野多恵子
印刷・製本　　　　　　　　藤原印刷株式会社

Ⓒ Kanazawa Institute of Technology 2017 Printed in Japan
本書のコピー、スキャン、デジタル化等の無断複製は著作権法上での例外を除き禁じられています。本書を代行業者等の第三者に依頼してスキャンやデジタル化することは、たとえ個人や家庭内の利用であっても著作権法上認められておりません。

JCOPY <出版者著作権管理機構 委託出版物>
本書の無断複写は著作権法上での例外を除き禁じられています。複写される場合は、そのつど事前に、出版者著作権管理機構（電話 03-5244-5088、FAX03-5244-5089、e-mail: info@jcopy.or.jp）の許諾を得てください。
落丁本・乱丁本はおとりかえいたします。

ISBN978-4-561-25699-1　C3034